T.2.

LA SUITE DU MENTEUR,

COMÉDIE

DE PIERRE CORNEILLE,

RETOUCHÉE ET RÉDUITE EN QUATRE ACTES;

AVEC UN PROLOGUE;

PAR ANDRIEUX, DE L'INSTITUT NATIONAL.

Représentée sur le Théâtre de la rue de Louvois, pour la première fois, le 26 germinal de l'an 11.

Prix 1 fr. 50 cent.

A PARIS,

Chez Madame MASSON, Editeur de Pièces de Théâtre, rue de l'Echelle, n° 558, au coin de celle Saint-Honoré.
Et au Bureau de la Décade philosophique, rue de Grenelle-Saint-Germain, en face de la rue des Saints-Pères, n° 321.

IMPRIMERIE DE CHAIGNIEAU AINÉ.
AN XI. — 1803.

AVIS.

Il n'y a d'Édition avouée par l'Auteur que celle dont les exemplaires sont signés de lui. Les contrefacteurs seront poursuivis conformément à la loi.

PRÉFACE.

Voici un travail assez ingrat, et que cependant j'ai fait avec un grand plaisir. Je travaillais sur un plan et sur des vers de Corneille, et d'après les conseils de Voltaire. C'était avoir à-la-fois un beau modèle et un excellent maître. Pouvais-je faire une meilleure étude ?

Il est vrai que Voltaire a peut-être un peu exagéré le mérite de la *Suite du Menteur*. (Voyez son Commentaire). L'illustre père de notre théâtre avoue, avec une franchise admirable, que son héros qui est plus sage et plus estimable dans cette seconde pièce que dans la première, *a perdu avec ses mauvaises habitudes une partie de ses agrémens*. Mais en revanche, le fond de cette pièce est plus attachant que celui du *Menteur*; il y a plus d'intrigue, plus de situations, et elles sont plus frappantes; Voltaire, en sa qualité de poète tragique, songeait plus à l'intérêt du sujet et aux effets de théâtre qu'à la force comique du caractère du *Menteur*, et à la gaieté que ses mensonges continuels répandent nécessairement dans presque toutes les scènes. Voilà pourquoi ce grand homme, dont le goût est toujours si sûr, a donné trop d'éloges, si j'ose le dire, à la *Suite du Menteur*. Mais peut-être n'en a-t-il parlé si avantageusement que pour mieux amener à l'avis qu'il donnait de retoucher cette pièce. Si tel a été son dessein, il a réussi; et l'évènement a prouvé que l'avis était bon à suivre.

Je pourrais m'étendre sur les changemens considérables que je me suis permis à l'ouvrage du grand Corneille, et sur ceux que je n'ai pas faits, et sur ceux qu'il eût fallu mieux faire; mais ce n'est pas à moi qu'il convient d'apprécier mon travail.

Je me bornerai à quelques observations sur le style.

En général, on s'appercevra, je pense, que le dialogue de cette pièce est naturel et vrai; après

Molière, Corneille est peut-être celui de nos poëtes qui a le plus franchement écrit la comédie.

J'ai retrouvé dans la *Suite du Menteur*, parmi beaucoup de négligences, cette manière simple et naïve d'un homme de génie qui fait toujours parler le personnage, qui ne songe point à briller lui-même, ni à montrer de l'esprit aux dépens de la vérité. J'y ai trouvé aussi de la force comique, et une verve abondante en plaisanteries qui dégénèrent, il est vrai, quelquefois en bouffonneries et en trivialités. Le secret consiste à savoir s'arrêter à propos.

Du temps de Corneille, les spectateurs étaient moins difficiles, moins délicats; on pardonnait un trait familier, pourvu qu'il fût plaisant; on ne connaissait point alors la comédie fausse et guindée, que nous avons vue si fort à la mode, mode qui heureusement commence à se passer, quoique le jeu des acteurs fasse encore supporter les pointilleuses finesses et la gaieté glaciale du monotone *Marivaux*.

La langue avait je ne sais quoi de plus naïf

et de plus original, qui servait mieux le génie comique; et, s'il faut que je l'avoue, ça été une facilité pour moi, que d'avoir à me rapprocher de ce style de la vieille comédie. J'ai pu risquer des plaisanteries et des expressions qui devaient passer dans une pièce de Corneille, mais que peut-être on aurait le malheur de ne pouvoir souffrir dans une comédie nouvelle.

J'ai conservé même quelques locutions vieillies qu'il eût été facile de changer, parce qu'elles m'ont paru regrettables, et parce qu'en les rejettant, ainsi que beaucoup d'autres, il me semble qu'on n'a fait qu'appauvrir la langue.

Telle est, par exemple, cette expression : *Prends souci de me plaire*, qui me semble dire plus et autre chose que *Prends soin de me plaire*.

Tel est encore l'adverbe *aucunement*, pris dans le sens de *en quelque sorte*, *aliquantum*. On a perdu ce mot, et il n'est remplacé par aucun autre. Pourquoi ne s'en servirait-on pas?

Je n'ai pas osé conserver de même une expression assez remarquable, et dont je ne me rappelle pas d'autre exemple dans nos bons auteurs. Corneille a dit dans cette pièce :

—Cet homme a de *l'humeur*.—C'est un vieux domestique. Qui, comme vous voyez, n'est pas mélancolique.

Le mot *humeur* est mis là dans le sens de l'anglais *humour*, *gaieté originale*, *piquante*. Il paraît que Corneille avait voulu naturaliser parmi nous ce mot anglais : il n'a point été reçu dans ce sens.

Je ne pousserai pas plus loin ces remarques. On en pourrait faire beaucoup d'autres, tant sur le fonds que sur le style de l'ouvrage; et elles pourraient être très-littéraires et utiles à l'art.

J'ose y inviter les journalistes à la plupart desquels je dois des remerciemens pour la manière impartiale dont ils ont rendu compte de la première représentation.

Le public oublie trop aujourd'hui que les pièces de théâtres sont faites aussi pour être lues, que même elles ont un bien faible mérite, quand elles ne soutiennent pas la lecture.

On ne rendait compte autrefois, après la première représentation d'une pièce, que de l'effet qu'elle avait produit au théâtre; mais pour la juger définitivement, on attendait qu'elle fût imprimée. Cela serait plus juste, sur-tout lorsqu'il s'agit d'un ouvrage de longue haleine; ce serait une manière de relever l'art dramatique, d'encourager, de forcer même les auteurs à travailler avec soin leurs ouvrages; enfin, cette méthode fournirait des articles très-intéressans pour les lecteurs, et très-honorables à leurs auteurs, qui pourraient y faire preuves de connaissances et de goût, bien mieux que dans une légère analyse, qu'on publie le soir ou le lendemain d'une première représentation.

LA SUITE DU MENTEUR,
COMÉDIE.

PERSONNAGES DU PROLOGUE. ACTEURS.

LE DIRECTEUR DU THÉATRE. M. PICARD l'aîné.
L'AUTEUR DE LA PIÈCE. M. BARBIER.

PROLOGUE.

Le théâtre est en désordre, comme si la toile n'était pas levée. On y voit plusieurs parties de différentes décorations.

LE DIRECTEUR DU THÉATRE, L'AUTEUR.

LE DIRECTEUR, *entrant d'un côté.*

Eh bien, messieurs, voyons, commençons-nous bientôt?

L'AUTEUR, *entrant de l'autre côté.*

Monsieur le Directeur, que je vous dise un mot.

LE DIRECTEUR.

Il faut que tous les jours quelqu'un se fasse attendre!

L'AUTEUR.

Monsieur, me ferez-vous le plaisir de m'entendre?

LE DIRECTEUR.

Nous allons commencer; je n'ai guère le temps....

L'AUTEUR.

Je ne vous retiendrai, monsieur, que peu d'instans.

D'être connu de vous je n'ai pas l'avantage;
Mais un pressant motif à vous voir m'encourage:
Exprès, je suis parti ce matin de Nemours;
Je n'ai fait que dîner à l'auberge, et j'accours;
J'ai pris, tout simplement, mon billet à la porte;
Vous ne devinez pas ce que je vous apporte?...

LE DIRECTEUR.

A vous dire le vrai, je le soupçonne un peu.
N'êtes-vous point auteur?

L'AUTEUR.

Je vous en fais l'aveu.

LE DIRECTEUR.

Je connais à présent le motif qui vous presse.
Vous m'apportez, sans doute, une nouvelle pièce?

L'AUTEUR.

Nouvelle? non.

LE DIRECTEUR.

Comment?

L'AUTEUR.

Je m'expliquerai mieux.
Mais convenez d'abord qu'en ce temps périlleux
Obtenir un succès est chose difficile.
Le théâtre comique en revers est fertile.
Sur quatre nouveautés qu'on donne dans un mois,
Vous savez bien, monsieur, qu'il en tombe au moins trois.

LE DIRECTEUR.

Mais en pareille affaire est-ce ainsi qu'on débute?
Sur un théâtre, ô ciel! venir parler de chûte!
Un jour de nouveauté! c'est pour porter malheur.
Ah! changeons d'entretien; car vous me feriez peur.

L'AUTEUR.

Eh bien! parlons plutôt des vieux et bons ouvrages;
De tous les connaisseurs ils fixent les suffrages;

On les prône sans cesse, on les loue avec feu ;
Mais quant à la recette, ils produisent fort peu.
Par une mode absurde autant que singulière,
On a pour Marivaux abandonné Molière ;
Et, cédant aux traits fins d'un esprit recherché,
La gaîté disparaît, le rire s'est caché.

LE DIRECTEUR.

Vous aimez donc encor la vieille comédie ?

L'AUTEUR.

Oui, c'est elle que j'aime, elle que j'étudie.

LE DIRECTEUR.

Et vous avez raison ; c'est la bonne, mon cher.
Si l'on n'y peut atteindre, heureux d'en approcher !
La bonne comédie est celle qui fait rire.
Mais nous perdons le temps ; qu'avez-vous à me dire ?

L'AUTEUR.

En deux mots, le voici. Je viens pour vous offrir
Un essai singulier, et qui peut réussir.
Si l'on ne va plus voir les vieilles comédies,
Si les nouvelles sont rarement applaudies,
Que donner au public ? cela n'est pas aisé.

LE DIRECTEUR.

Non.

L'AUTEUR.

Or, voici de quoi je me suis avisé.
Une pièce à-la-fois ancienne et nouvelle,
Qu'en pensez-vous, monsieur ? quel succès aurait-elle ?

LE DIRECTEUR.

Ma foi, je n'en sais rien ; après tout, c'est selon.
Vieux ou nouveau, pourvu que l'ouvrage soit bon,
La date n'y fait rien.

PROLOGUE

L'AUTEUR.

Chez un poëte illustre
De qui notre théâtre obtint son premier lustre,
J'ai fait choix d'un ouvrage à-peu-près dans l'oubli,
Et négligé depuis un siècle et demi ;
Avec soin retouché, j'ai cru qu'il pourrait plaire.
Souris à cet essai peut-être téméraire,
O Corneille ! ô grand-homme ! ô toi dont les succès
Sur l'une et l'autre scène ont guidé nos français,
Toi qui dans ce bel art fut notre premier maître,
Toi qui créas Racine, et Molière peut-être !

LE DIRECTEUR.

Ah ! c'est donc de Corneille ?

L'AUTEUR.

Eh oui ! précisément.
De plus, monsieur, j'avais Voltaire pour garant,
Qui, dans son Commentaire, a loué cet ouvrage ;
A le retravailler lui-même il encourage ;
Il conseille de faire enfin ce que j'ai fait.
Croyez-vous qu'on me blâme ?

LE DIRECTEUR.

Eh de quoi, s'il vous plaît ?
De vouloir, en faisant une épreuve pareille,
Enrichir notre scène, y célébrer Corneille ;
Rendre enfin au public, de nouveautés trop las,
Un vieux bien qu'il possède, et dont il n'use pas ?
D'un champ abandonné c'est faire un champ fertile ;
Puissiez-vous réussir dans ce projet utile !
Et puisse-t-il avoir plus d'un imitateur !
Mais la pièce, enfin, c'est ?...

L'AUTEUR.

LA SUITE DU MENTEUR.

LE DIRECTEUR.

LA SUITE DU MENTEUR, dites-vous?

L'AUTEUR.

Elle-même.

LE DIRECTEUR, à part.

Mais comment se fait-il? pour moi c'est un problême...

L'AUTEUR.

Qu'est-ce donc? qu'avez-vous? vous paraissez surpris.
On dit que maintenant c'est l'usage à Paris
Que nos jeunes auteurs, cottisant leurs génies,
Font en société jusqu'à des tragédies.
Pour moi, voulant comme eux, travailler de moitié,
J'ai commencé par prendre un bon associé.
Corneille à mon desir n'eût pas souscrit peut-être ;
Mais de s'y refuser il n'était pas le maître.

LE DIRECTEUR.

(A part.)

Ah! vous avez raison.—Mais sachons si je pui...

(Haut.)

Vous n'avez donc pas vu notre affiche aujourd'hui?

L'AUTEUR.

Non, ma foi. Je n'avais que mon affaire en tête,
Et suis vîte accouru vous offrir ma requête.

LE DIRECTEUR.

Pouvez-vous me montrer la pièce?

L'AUTEUR.

Oui. La voilà.

LE DIRECTEUR, *parcourant le manuscrit.*

Permettez-vous?... Eh! mais! oui vraiment; c'est cela.

N'en avez-vous donné de copie à personnne ?

L'AUTEUR.

Si fait ; à mon voisin, avec qui je raisonne ;
Un marchand de Nemours qui dut vous l'apporter.

LE DIRECTEUR.

Ah ! fort bien.

L'AUTEUR.

J'avais cru sur lui pouvoir compter ;
Il venait à Paris pour ses propres affaires :
De la mienne je vois qu'il ne s'occupait guères....

LE DIRECTEUR.

J'ai votre pièce.

L'AUTEUR.

O ciel !

LE DIRECTEUR.

Oui, rien n'est plus certain ;
Depuis plus de deux mois.

L'AUTEUR.

Quel sera son destin ?
La jouerez-vous ?

LE DIRECTEUR.

Sans doute.

L'AUTEUR.

Ah ! Mais quand ?

LE DIRECTEUR.

Tout-à-l'heure.

L'AUTEUR.

Votre plaisanterie est on ne peut meilleure...

LE DIRECTEUR.

Je ne plaisante pas ; et vous allez le voir.
Pour la première fois nous la jouons ce soir.

Voyez, la nouveauté nous amène du monde.
Je souhaite à vos vœux que le succès réponde.

L'AUTEUR.

Ma foi, c'est un plaisir d'avoir affaire à vous.
Oh! que n'ai-je un instant pour écrire chez nous
A mon frère l'abbé qui me raille sans cesse,
Et qui dit que jamais on ne jouera ma pièce!

LE DIRECTEUR.

Au lieu d'écrire avant vous écrirez après.

L'AUTEUR.

Il le faut bien. Monsieur, aurons-nous du succès?

LE DIRECTEUR.

On sait cela, monsieur, quand la pièce est finie.

(A l'orchestre.)

Messieurs, voulez-vous bien jouer la symphonie?
Moi, je cours m'habiller. Nous serons bientôt prêts.
Et toi, Corneille, et toi, sauve-nous des sifflets!

FIN DU PROLOGUE.

PERSONNAGES.	ACTEURS.
DORANTE.	M. Vigny.
CLITON, valet de Dorante.	M. Picard jeune.
CLÉANDRE.	M. Dorsan.
MÉLISSE, sœur de Cléandre.	Mlle Delisle.
PHILISTE, ami de Dorante, et amoureux de Mélisse.	M. Barbier.
LISE, femme-de-chambre de Mélisse.	Mlle Molliere.
JASMIN, valet de Philiste.	M. Picard l'aîne.
LE PREVOT DE LA MARÉCHAUSSÉE.	M. Bosset.
UN GEOLIER. } Personnages muets.	
DEUX GARDES. }	

La scène est à Lyon.

Nota. Les Acteurs sont inscrits en tête de chaque scène, dans l'ordre où ils doivent être rangés au théâtre. Le premier inscrit est à droite.

LA SUITE DU MENTEUR,

COMÉDIE.

ACTE PREMIER.

SCÈNE PREMIÈRE.

DORANTE, CLITON.

La scène est dans une prison ; le geolier ouvre la porte à Cliton, et lui montre Dorante, qui écrit.

CLITON.

Ah ! monsieur, c'est donc vous !

DORANTE.

Cliton, je te revoi !

CLITON.

Quoi ! je vous trouve ici ! Me direz-vous pourquoi ?
Quel crime, quelle affaire ou quelle raillerie
Des prisons de Lyon fait votre hôtellerie ?

DORANTE.

Tu le sauras bientôt ; mais qui t'amène ici ?

CLITON.

Le soin de vous chercher.

DORANTE.

J'aime à le croire ainsi ;
Et, bien qu'après deux ans ton devoir s'en avise,
Ta rencontre me plaît, j'en aime la surprise ;
Ce devoir, quoique tard, s'est enfin éveillé.

CLITON.

Et qui savait, monsieur, où vous étiez allé ?

Vous ne nous témoigniez qu'ardeur et qu'alégresse,
Qu'impatient desir de posséder Lucrèce ;
Le contrat était fait, les accords publiés,
Le festin commandé, les parens conviés,
Les violons choisis, ainsi que la journée ;
Rien ne semblait plus sûr qu'un si proche hyménée;
Et parmi ces apprêts, la nuit d'auparavant,
Vous disparûtes seul, plus vîte que le vent.
Comme il ne fut jamais d'éclipse plus obscure,
Chacun sur ce départ forme sa conjecture ;
Tous s'entre-regardaient, étonnés, ébahis ;
L'un disait : *Il est jeune, il veut voir du pays ;*
L'autre : *Il s'est allé battre, il s'est pris de querelle ;*
L'autre d'une autre idée embrouillait sa cervelle.
De regret cependant j'avais le cœur serré ;
Lucrèce et moi, monsieur, nous voy avions pleuré ;
La pauvre demoiselle ! elle souffrait dans l'ame,
De rester veuve, avant que d'avoir été femme.

DORANTE.

Je l'aimais, je te jure; et pour la posséder,
Mon amour mille fois voulut tout hasarder ;
Mais quand j'eus bien pensé que j'allais, à mon âge,
Pour toujours me soumettre au joug du mariage ;
Que j'eus considéré ces chaînes de plus près,
Ma maîtresse à ce prix n'eut plus pour moi d'attraits.
L'hymen me faisant peur, il me prend fantaisie
De fuir, pour l'éviter, jusques en Italie,
Et voulant m'épargner tout reproche ennuyeux,
Je n'eus garde, en partant, de faire des adieux.
Dis-moi, que fit Lucrèce, et que dit lors son père ?
Le mien, ou je me trompe, était fort en colère.

CLITON.

D'abord, de part et d'autre on vous attend sans bruit ;
Un jour se passe, deux, trois, quatre, cinq, six, huit ;

ACTE I, SCENE I.

On vous cherche ; après vous vainement on envoie ;
Lucrèce, par dépit, témoigne de la joie,
Chante, danse, discourt, rit ; mais, sur mon honneur,
Elle ne riait pas, monsieur, de trop bon cœur.
Enfin, n'espérant plus, pour arranger l'affaire,
La pauvre délaissée épouse votre père ;
Et cachant dans son cœur son déplaisir secret,
D'un visage content prend le change à regret.
L'éclat d'un tel affront l'ayant trop décriée,
Il n'est à son avis que d'être mariée ;
Et comme en un naufrage on se prend où l'on peut,
En fille résignée elle veut ce qu'on veut.
Voilà donc le bon homme enfin à sa seconde,
C'est-à-dire qu'il court en poste à l'autre monde ;
Bref, l'hymen, en deux mois, le dépêche au cercueil.

DORANTE.

J'ai su sa mort à Rome, où j'en ai pris le deuil.

CLITON.

On vient de toutes parts fondre sur l'héritage,
Ville prise d'assaut n'est pas mieux au pillage ;
La veuve et les parens font rafle, de façon
Qu'il vous faudra, monsieur, remeubler la maison.
J'apprends qu'on vous a vu cependant à Florence.
Pour vous donner avis je pars en diligence,
Et voilà que tantôt, arrivant à Lyon,
Je vois courir du monde avec émotion ;
Je cours aussi, j'approche, et je vois, ce me semble,
Jeter dans la prison quelqu'un qui vous ressemble ;
On m'y permet l'entrée, et vous trouvant ici,
Je trouve en même-temps mon voyage fini.
Voilà mon aventure ; apprenez-moi la vôtre.

DORANTE.

La mienne est bien étrange ; on me prend pour un autre.

CLITON.
La méprise est fâcheuse. Est-ce meurtre, ou larcin?
DORANTE.
Suis-je fait en voleur, ou bien en assassin?
En ai-je l'air, l'habit? et quand on m'examine....
CLITON.
Faut-il juger des gens, à présent, sur la mine?
Et n'est-il point, monsieur, à Paris de filoux
Qui, par l'air et l'habit, l'emporteraient sur vous?
DORANTE.
Tu dis vrai; mais écoute. Après une querelle
Qu'à Florence un jaloux me fit pour une belle,
J'eus avis que mes jours y seraient en danger.
Ainsi donc au plus vîte il fallut déloger.
Je pars seul et de nuit, et je reviens en France,
Où, sitôt que je puis me croire en assurance,
Comme d'avoir couru je me sens un peu las,
J'abandonne la poste, et viens au petit pas.
Etant près de Lyon, je vois dans la campagne....
CLITON, *bas*.
N'aurons-nous point ici de guerres d'Allemagne?
DORANTE.
Que dis-tu?
CLITON.
Rien, monsieur; je gronde entre mes dents
Du malheur qui suivra ces rares incidens;
J'en ai l'ame déja toute préoccupée.
DORANTE.
A deux hommes bien mis je vois tirer l'épée,
Et, voulant empêcher un accident fatal,
Je tire aussi la mienne, et descends de cheval.
L'un et l'autre, voyant à quoi je me prépare,
Se hâtent d'achever avant qu'on les sépare;

Si bien que l'un des deux, prévenant mon abord,
Termine le combat en blessant l'autre à mort.
Je me jette au blessé, je l'embrasse, j'essaie
Et d'arrêter son sang, et de fermer sa plaie;
L'autre, pour s'échapper, sans perdre un seul moment,
Saute sur mon cheval, le presse vivement,
Disparaît, et mettant à couvert le coupable,
Me laisse auprès du mort faire le charitable.
Ce fut en cet état, les doigts de sang souillés,
Qu'au bruit de ce duel trois sergens éveillés,
En place de la proie à leurs yeux échappée,
Me découvrirent seul, et la main à l'épée.
Lors, suivant du métier le serment solemnel,
Mon argent fut pour eux le premier criminel;
Et s'en étant saisis aux premières approches,
Ces messieurs pour prison lui donnèrent leurs poches;
Puis, prévenu d'un fait dont je suis innocent,
Je fus conduit par eux en cet appartement.
Qui te fait ainsi rire, et qu'est-ce que tu penses?

CLITON.

Je trouve ici, monsieur, beaucoup de circonstances;
Vous en avez sans doute un trésor infini;
Votre hymen de Poitiers n'en fut pas mieux fourni,
Et le cheval lui seul vaut, en cette rencontre,
Le pistolet ensemble et l'épée, et la montre.

DORANTE.

Je me suis bien défait de ces traits d'écolier
Dont l'usage à Poitiers m'était trop familier;
Et maintenant, Cliton, je vis en honnête homme.

CLITON.

Vous êtes amendé du voyage de Rome !
Et votre ame aujourd'hui tournée au repentir,
Fait mentir le proverbe en cessant de mentir !
Ah ! j'aurais cru plutôt....

DORANTE.

            Le temps m'a fait connaître
Quelle indignité c'est, et quel mal en peut naître.
                CLITON.
Quoi ! ce duel, ces coups si bravement portés,
Ce cheval, ces sergens ?...
            DORANTE.
                    Autant de vérités.
                CLITON.
J'en suis fâché pour vous, monsieur, et sur-tout d'une
Qui me fait redouter un excès d'infortune.
Vous êtes prisonnier, et n'avez point d'argent ;
Vous serez criminel.
            DORANTE.
                Je suis trop innocent.
                CLITON.
Ah ! monsieur, sans argent est-il de l'innocence ?
            DORANTE.
Tu sais que dans ces murs Philiste a pris naissance ;
Et comme il est parent des premiers magistrats,
D'un bon appui du moins nous ne manquerons pas.
Je le sais à Lyon, et lui venais d'écrire
Lorsqu'ici le concierge est venu t'introduire.
Va lui porter ma lettre.
                CLITON.
                    Avec un tel secours,
Nous serons hors d'affaire avant qu'il soit deux jours.
J'y vais.... Mais j'aperçois une mine friponne.
Regardez.... Que nous veut cette aimable personne ?
Vous n'avez pas fini votre narration !
Vous connaissez, monsieur, quelque dame à Lyon ?
Vous ne le disiez pas.
            (Le geolier entre un moment avec Lise,
                et se retire aussitôt).

SCÈNE II.

LISE, DORANTE, CLITON.

LISE, *à Dorante.*
C'est vous qui devez être
Ce nouveau prisonnier ?

CLITON.
En effet, c'est mon maître
Qui loge ici de force, et s'en passerait bien.
Quelle est cette suivante ?

DORANTE.
Eh ! mais, je n'en sais rien,
Je ne la connais pas.

CLITON.
Bon ! quel conte !

LISE.
Une dame
Ose braver pour vous le soupçon et le blâme ;
Mais parmi les motifs qui la pressent d'agir,
N'en supposez aucun dont elle ait à rougir.
N'en demandez pas plus ; veuillez seulement lire ;
Ce billet vous dira tout ce qu'on veut vous dire :

DORANTE *lit.*
« Au bruit du monde qui vous conduisait prisonnier,
» j'ai couru à ma fenêtre, et n'ai pu m'empêcher de vous
» plaindre. J'ai des raisons de croire qu'on vous fait in-
» justice, et je vais travailler à vous procurer votre liberté.
» Cependant obligez-moi de vous servir des deux cents louis
» que je vous envoie ; vous pouvez en avoir besoin dans
» l'état où vous êtes. Peut-être un jour me connaitrez-vous ;
» c'est alors seulement que vous pourrez juger ma dé-
» marche et en apprécier les motifs. »

CLITON.

Oh! qu'est-ce ci, monsieur? c'est le commencement,
Ou je me trompe fort, d'un bel et bon roman;
Vous voilà chevalier, aimé par une infante,
Et moi, votre écuyer, j'aimerai la suivante.

DORANTE.

Je suis bien étonné. De qui vient ce billet?
On ne l'a point signé.

LISE.

Pardon, c'est un secret.
Pour ma maîtresse il est d'une grande importance
De taire quelque temps son nom et sa naissance.
Voici dans cette bourse...

DORANTE.

Eh! non. Puis-je accepter?

CLITON.

Mais vous n'y pensez pas; pouvez-vous hésiter?

DORANTE.

D'un si rare bienfait quand j'ignore la source...

CLITON.

Sans curiosité, prenons toujours la bourse.
Quand vous n'avez sur vous plus rien que vos habits,
Pour être glorieux le temps serait bien pris!...

DORANTE.

Recevoir de l'argent porte en soi quelque honte.

CLITON.

Je m'en charge pour vous, et la prends sur mon compte.

DORANTE, *à Lise.*

S'il faut de ta maîtresse accepter le bienfait,
Je reçois comme un prêt le don qu'elle me fait.

CLITON.

Il est beaucoup de gens, d'humeur toute contraire,
Qui prennent comme un don le prêt qu'on veut leur faire.

ACTE I, SCÈNE II.

DORANTE.
Toi, veux-tu bien, ma chère, attendre un seul moment ?
Et je vais te charger de mon remerciement.
(*Dorante se met à écrire.*)

LISE, *à Cliton.*
Il est riche, ton maître ?

CLITON.
Assez.

LISE.
Et gentilhomme ?

CLITON.
Il le dit.

LISE.
Il demeure ?

CLITON.
A Paris.

LISE.
Et se nomme ?...

DORANTE, *à Lise, en fouillant dans la bourse.*
Prends ma lettre, et fais-moi le plaisir d'accepter
Cette part de l'argent que tu viens d'apporter.

CLITON.
Elle n'en prendra pas, monsieur, je vous proteste.

LISE.
Celle qui vous l'envoie en a pour moi de reste.

CLITON.
Je vous le disais bien, elle a le cœur trop bon.

LISE.
Lui pourrai-je, monsieur, apprendre votre nom ?

DORANTE.
Il est dans mon billet ; mais prends, je t'en conjure.

CLITON.
Vous faut-il dire encor que c'est lui faire injure ?

LISE, *acceptant l'argent.*
Puisque vous le voulez, il faut bien le vouloir.
Adieu. Dans peu de temps je pourrai vous revoir.

SCÈNE III.

DORANTE, CLITON.

DORANTE.
Cette fille est jolie, et paraît assez sage.
CLITON.
J'aime la messagère, et sur-tout le message.
DORANTE.
C'est celle dont il vient qu'il nous faut estimer ;
C'est elle qui me charme, et que je veux aimer.
CLITON.
Et vous ne pourriez pas, par quelque conjecture,
Sonder le merveilleux d'une telle aventure ?
DORANTE.
Quoi de si merveilleux ? cette belle m'a vu....
CLITON.
De bonne opinion vous êtes bien pourvu !
DORANTE.
Nous sommes un peu faits à pareille surprise ;
Même chose à-peu-près m'arriva dans Venise,
Où d'un vieux médecin la trop jeune moitié....
CLITON.
Je songe à cet argent qui vous est envoyé ;
Pour celle qui vous l'offre il est d'un triste augure ;
Elle veut racheter les torts de sa figure ;
N'ayant plus de quoi plaire, elle a de quoi donner.
DORANTE.
Allons, tais-toi, plutôt que de déraisonner.

ACTE I, SCÈNE III.

CLITON.

Quoi, vous voulez, monsieur, aimer cette inconnue?

DORANTE.

Oui, je la veux aimer, Cliton.

CLITON.

Sans l'avoir vue?

DORANTE.

Un si rare bienfait, en un besoin pressant,
S'empare puissamment d'un cœur reconnaissant;
Et, comme il est offert avec délicatesse,
Promet dans son auteur figure, esprit, noblesse,
Peint l'objet aussi beau qu'on le voit généreux;
A moins que d'être ingrat, il faut être amoureux.

CLITON.

Quoique j'approuve assez cette juste louange,
Un amour si subit n'en est pas moins étrange.

DORANTE.

Oh! ce n'est qu'un projet.

CLITON.

Mais, monsieur, votre nom,
Le deviez-vous apprendre, et sitôt?

DORANTE.

Pourquoi non?
J'ai cru le devoir faire, et l'ai fait avec joie.

CLITON.

Il est plus décrié que la fausse monnoie.

DORANTE.

Mon nom?

CLITON.

Oui; dans Paris, en langage commun,
Dorante et le Menteur, à présent ce n'est qu'un,

Et vous y possédez ce haut dégré de gloire,
Qu'en une comédie on a mis votre histoire.

DORANTE.

En une comédie !

CLITON.

Et si naïvement,
Que j'ai cru, la voyant, voir un enchantement.
La pièce a réussi par le fond, par le style,
Et d'un nouveau proverbe elle enrichit la ville,
De sorte qu'aujourd'hui, presqu'en tous les quartiers,
Si quelqu'un ment, l'on dit qu'il revient de Poitiers.

DORANTE.

Ah ! l'insolent auteur !

CLITON.

Le bon de l'aventure
C'est qu'auprès de la vôtre on produit ma figure ;
Je ris, j'agis, je parle ; en un mot trait pour trait,
Un gros petit joufflu m'a fait voir mon portrait.

DORANTE.

En étais-tu content ?

CLITON.

Oui ; ce qu'ils me font dire
Est tourné joliment, et j'ai le mot pour rire ;
J'applaudissais moi-même, et j'ai pensé, ma foi,
Que le drôle avait presque autant d'esprit que moi.

DORANTE.

Paix. J'entends quelque bruit. Ecoutons, je te prie.

CLITON.

Oh ! oh ! la porte s'ouvre. Il nous vient compagnie.
Celle-ci ne vaut rien. Diable ! c'est le Prévôt
Avec ses estaffiers.

DORANTE.

Tant mieux. Tout au plutôt
Je voudrais que l'on mît en train la procédure.

SCÈNE IV.

CLÉANDRE, LE PRÉVOT, DORANTE, CLITON.
(*Le geolier et deux gardes restent au fond du théâtre.*)

CLÉANDRE, *au Prévôt.*
Ah! je suis innocent. Vous me faites injure.
LE PRÉVOT, *à Cléandre.*
Si vous l'êtes, monsieur, ne craignez aucun mal.
Mais comme enfin le mort était votre rival,
Et que le prisonnier proteste d'innocence,
Je dois, sur ce soupçon, vous mettre en sa présence.
CLÉANDRE, *au Prévôt.*
Et si pour s'affranchir il ose me charger?
LE PRÉVOT, *à Cléandre.*
La justice entre vous saura bien en juger.
Souffrez paisiblement que l'ordre s'exécute.
(*A Dorante.*)
Vous avez vu, monsieur, le coup qu'on vous impute;
Voyez ce cavalier; en serait-il l'auteur?
CLÉANDRE, *bas.*
Il va me reconnaître. Ah! Dieu! je meurs de peur.
DORANTE, *au Prévôt.*
Souffrez que j'examine à loisir son visage.
(*bas.*)
C'est lui; mais il n'a fait qu'en homme de courage.
Ce serait lâcheté, quoi qu'il puisse arriver,
De perdre un honnête homme, et que je puis sauver.
Ne le découvrons point.
CLÉANDRE, *bas.*
        Il me connaît. Je tremble.
DORANTE, *au Prevôt.*
Ce cavalier, monsieur, n'a rien qui lui ressemble;

L'autre est de moindre taille, il est beaucoup plus blond,
Il a le teint moins vif, le visage plus rond;
Je ne reconnais point celui que je contemple.

CLÉANDRE, *à part.*

O générosité qui n'eût jamais d'exemple!

DORANTE.

L'habit même est tout autre.

LE PREVOT.

Enfin ce n'est pas lui?

DORANTE.

Non; il n'a point de part au duel d'aujourd'hui.

LE PREVOT, *à Cléandre.*

Je suis ravi, monsieur, de voir votre innocence
Assurée à présent par sa reconnaissance;
Sortez quand vous voudrez; vous avez tout pouvoir.
Excusez la rigueur qu'exigeait mon devoir.
Adieu.

CLÉANDRE, *au Prevôt.*

Vous n'avez fait que remplir votre office.

SCÈNE V.

CLÉANDRE, DORANTE, CLITON.

DORANTE, *à Cléandre.*

Mon cavalier, pour vous je me fais injustice;
Je vous tiens pour brave homme, et vous reconnais bien
Faites votre devoir, comme j'ai fait le mien.

CLÉANDRE.

Monsieur....

DORANTE.

Point de réplique; on pourrait nous entendre.

CLÉANDRE.

Sachez donc seulement qu'on m'appelle Cléandre,

Que je sais mon devoir, que j'en prendrai souci,
Et que je périrai pour vous tirer d'ici.

SCÈNE VI.

DORANTE, CLITON.

DORANTE.

N'est-il pas vrai, Cliton, que c'eût été dommage
De livrer au malheur ce généreux courage ?
J'avais entre mes mains et sa vie et sa mort,
Et je viens de me voir arbitre de son sort.

CLITON.

Quoi ! c'est donc là, monsieur ?..

DORANTE.

Oui, c'est là le coupable.

CLITON.

L'homme à votre cheval ?

DORANTE.

Rien n'est si véritable.

CLITON.

Je ne sais où j'en suis, et demeure confus.
Ne m'avez vous pas dit que vous ne mentiez plus ?

DORANTE.

J'ai vu sur son visage un noble caractère
Qui, me parlant pour lui, m'a forcé de me taire ;
Et d'une voix connue entre les gens de cœur,
M'a dit qu'en le perdant je me perdais d'honneur.
J'ai cru devoir mentir pour sauver un brave homme.

CLITON.

Et c'est ainsi, monsieur, que l'on s'amende à Rome !
J'en reviens au proverbe ; oui, courez, voyagez ;
Je veux être un maraud si jamais vous changez.

DORANTE.

Non, ce n'est plus ici l'un de ces artifices
Qu'autrefois j'employais pour les moindres caprices;
Apprends à distinguer un noble mouvement;
Crois qu'on peut quelquefois mentir innocemment;
Je dis plus; un mensonge, au lieu d'en faire un crime,
Peut même mériter du respect, de l'estime;
Et, comme je l'ai fait, lorsqu'en un cas pressant,
Le mensonge inventé pour sauver l'innocent,
Nous expose à sa place en un péril extrême,
Ce mensonge est plus beau que la vérité même.

CLITON.

Votre raisonnement me paraît assez fort.
Allons; pour cette fois je puis bien avoir tort.
De son penchant chacun se fait panégyriste....

DORANTE.

Laissons cela, Cliton, et va trouver Philiste;
Cours, et songe sur-tout, pour être moins long-temps,
Qu'au fonds d'une prison on compte les instans.

Fin du premier acte.

ACTE II.

La scène est chez Mélisse, dans un salon.

SCENE PREMIERE.

MÉLISSE, LISE.

MÉLISSE.

Il écrit comme un ange, et sa lettre est charmante.

LISE.

De sa personne encor vous seriez plus contente.

ACTE II, SCÈNE I.

Tout est aimable en lui; ses propos, son maintien....

MÉLISSE.

Il semble que déja tu lui veuilles du bien.

LISE.

Ces prétentions-là pour moi ne sont point faites.
Il faut, pour les avoir, être ce que vous êtes.
Il est riche, et de plus il demeure à Paris,
Où des dames, dit-on, est le vrai paradis;
Et, ce qui vaut bien mieux que toutes ces richesses,
Les maris y sont bons, et les femmes maîtresses.
Un beau sort s'offre à vous; l'occasion vous rit.

MÉLISSE.

Et, dis-moi, parle-t-il aussi bien qu'il écrit?

LISE.

Pour lui faire employer toute son éloquence,
Il lui faudrait des gens de plus de conséquence;
C'est à vous d'éprouver ce que vous demandez.

MÉLISSE.

Et que croit-il de moi?

LISE.

Ce que vous lui mandez;
Que vous l'avez tantôt vu par votre fenêtre;
Que vous le plaignez fort, que vous l'aimez peut-être....

MÉLISSE.

Il se flatte à ce point!

LISE.

Le sexe masculin
A la fatuité fort souvent est enclin.

MÉLISSE.

Qu'il le pense, après tout, je n'en suis point fâchée;
Mon ame en sa faveur est bien un peu touchée.

3

LISE.
Comment! sans l'avoir vu?
MÉLISSE.
J'écris bien sans le voir.
LISE.
Votre frère a sur vous usé de son pouvoir.
C'est lui qui vous contant son duel et sa fuite,
Et comme des sergens il trompa la poursuite,
Vous fit *incognito*, de crainte du soupçon,
Envoyer des secours à Dorante en prison.
L'y voyant en sa place, il fait ce qu'il doit faire.
MÉLISSE.
Je n'ai d'abord écrit, que pour le satisfaire;
Et puis en même-temps j'ai voulu m'égayer;
Embarrasser un peu ce jeune cavalier,
Et, tout en lui montrant l'intérêt qu'il excite;
Par sa façon d'agir juger s'il le mérite.
Je fais plus à présent; je prends part à l'ennui
D'un homme si bien fait, qui souffre pour autrui,
Le bien que tu m'en dis, son esprit, sa figure,
La singularité même de l'aventure,
Tout me pique, et m'inspire un penchant curieux
Qui me fait desirer de le connaître mieux.
LISE.
La curiosité, quand par elle on commence,
Conduit beaucoup plus loin quelquefois qu'on ne pense.
On peut croire aisément que lui, de son côté,
N'aura pas moins que vous de curiosité.
Pour une femme aimable, à la fleur de son âge,
C'est un bail un peu long que deux ans de veuvage;
Et vers vous tout exprès le ciel a fait venir
Celui que sa bonté destine à le finir.

MÉLISSE.
Allons, folle, tais-toi.
LISE.
Mais que dira, madame,
Cet autre cavalier dont vous possédez l'ame,
Votre amant?
MÉLISSE.
Qui?
LISE.
Philiste. Il a, depuis six ans,
A vous faire la cour, déja perdu son temps.
Quand sur lui le défunt obtint la préférence,
Philiste fut forcé de perdre l'espérance.
Vous partîtes alors, et suivant votre époux
En Espagne, deux ans vous fûtes loin de nous;
Vous revîntes ici, lorsque vous fûtes veuve;
Son amour de l'absence a soutenu l'épreuve;
Vous voyez chaque jour dans ses empressemens....
MÉLISSE.
Je souffre chaque jour de ses emportemens;
Jaloux en Espagnol, il s'attache à ma suite;
Il épie en tous lieux mes pas et ma conduite;
Il t'observe toi-même, et voudrait nous garder.
Il ne réussit point à me persuader.
Je ne sens point vers lui de charme qui m'attire;
Quelle en est la raison? je ne saurais la dire:
Il est bon, serviable, honnête homme en tout point.
D'autres peuvent l'aimer; moi, je ne l'aime point.
LISE.
Pourtant je vous ai vue à sa persévérance
Par un aimable accueil donner quelque espérance.
MÉLISSE.
Quelquefois, je l'avoue, en le voyant souffrir,
Par ses jaloux tourmens je me laisse attendrir.

Je mêle à mes refus quelque douce parole
Qui, sans trop m'engager, lui plaît et le console.
De mon frère, d'ailleurs, il est le protégé,
Et mérite par-là d'être un peu ménagé.

LISE.

Savez-vous que voilà, pardonnez, je vous prie,
Ce qu'on peut appeler de la coquetterie ?

MÉLISSE.

De la coquetterie !

LISE.

Hé ! parlons franchement.
Sans l'aimer, ménager et flatter un amant,
Par curiosité vouloir en faire un autre,
Ce procédé, madame, est à-peu-près le vôtre.
Qu'en dites-vous ?

MÉLISSE.

Je dis que ce n'est pas mal fait
De se donner le choix..... Mais mon frère paraît.

SCÈNE II.

CLÉANDRE, MÉLISSE, LISE.

CLÉANDRE.

Ma sœur, à quel danger vient d'échapper ton frère !

MÉLISSE.

Quoi ! quel danger nouveau ?

CLÉANDRE.

J'en suis quitte, ma chère,
Grâce au beau dévouement de ce noble inconnu.

MÉLISSE.

Qu'a-t-il donc fait ?

CLÉANDRE.

Ecoute, admire sa vertu.

ACTE II, SCÈNE II.

Comme je me montrais, afin que ma présence
Donnât à présumer mon entière innocence,
Sur un bruit répandu que depuis plus d'un jour,
Florange et moi passions pour rivaux en amour,
Le prevôt soupçonneux m'arrête dans la rue,
Me mène au prisonnier, me présente à sa vue.
Celui-ci m'examine, et me reconnaît bien ;
Mais quoi, pour mon salut il expose le sien.
Lui, qui souffre pour moi, sait mon crime et le nie,
Dit que ce qu'on m'impute est une calomnie,
Dépeint le criminel de toute autre façon,
Oblige le prevôt à sortir sans soupçon,
Me promet amitié, me jure de se taire.
Voilà ce qu'il a fait ; vois ce que je dois faire.

MÉLISSE.

L'aimer, le secourir, et tous deux avouer
Qu'un si digne mortel ne se peut trop louer.

CLÉANDRE.

Ce matin, en songeant qu'il souffrait à ma place,
Je m'affligeais pour lui, je plaignais sa disgrace ;
Mais ce n'est plus pitié ; c'est obligation,
Et le devoir succède a la compassion.

MÉLISSE.

Et je ne dois pas moins à sa vertu suprême.
Car enfin, vous sauver, c'est me sauver moi-même ;
L'amitié nous unit d'un si tendre lien,
Que votre défenseur me semble aussi le mien.

CLÉANDRE.

A ta vive amitié, ma sœur, je suis sensible !
Pour m'acquitter vers lui, fais donc tout ton possible.

MÉLISSE.

Je n'y manquerai pas. Déja j'ai commencé
D'exécuter le plan que vous m'aviez tracé.

Lise a vu ce jeune homme; elle a su lui remettre
Les deux cents louis d'or avec un mot de lettre.
Il ne soupçonne pas d'où lui vient ce présent;
C'est de quoi lui causer un embarras plaisant.

CLÉANDRE.

Lise a vu ce jeune homme?

LISE.

Oui, monsieur.

CLÉANDRE.

Qu'en dit-elle?

MÉLISSE.

A faire son éloge elle montre un grand zèle;
Elle loue à-la-fois son esprit, son maintien...

CLÉANDRE.

Crois qu'on ne peut jamais en dire trop de bien:
C'est à nous qu'il oblige, en cette circonstance,
De lui faire éprouver notre reconnaissance.
Sous ce même prétexte et ces déguisemens,
Ajoute à cet argent bijoux et diamans;
Qu'il ne manque de rien, et pour sa délivrance
Je vais de mes amis faire agir la puissance.
Si je ne puis des fers autrement le tirer,
Pour m'acquitter vers lui, j'irai me déclarer.

MÉLISSE.

Vous me faites frémir.

CLÉANDRE.

L'honneur me le commande.

MÉLISSE.

Mais des nouveaux édits la rigueur est si grande!
Et contre les duels on sévit à tel point!

CLÉANDRE.

Raison de plus, ma sœur, pour ne l'exposer point.

MÉLISSE.

Sans doute.

ACTE II, SCÈNE II.

CLÉANDRE.

Cependant il est de la prudence
De n'admettre personne en notre confidence.
J'espère n'être point forcé de me trahir;
Mais enfin, à tout prix, il faut le secourir.
Adieu. De ton côté prends souci de me plaire,
Et vois ce que tu dois à qui te sauve un frère.

MÉLISSE.

Je vous obéirai très-ponctuellement.

SCÈNE III.

MÉLISSE, LISE.

LISE.

Vous pourriez dire encor très-volontairement.

MÉLISSE.

Sans doute avec plaisir je vais le satisfaire;
L'action de Dorante est bien belle, ma chère;
C'est là de l'héroisme, et d'un si noble trait
L'auteur doit être honnête....

LISE.

Honnête, et très-bien fait.
Allons, madame, il faut être reconnaissante.
Cela ne va pas mal pour l'aimable Dorante.
Vous n'avez point parlé de son billet reçu?
Pourquoi cela?

MÉLISSE.

Pour rien. Qu'en imagines-tu?

LISE.

Vous avez des motifs pour en faire un mystère.

MÉLISSE.

J'ignore si j'en ai. Toi-même, sois sincère;

Envers Dorante, rien peut-il nous acquitter?

LISE.

Quel de vos diamans me faut-il lui porter?

MÉLISSE.

Mon frère va trop vîte, et sa chaleur l'emporte
Jusqu'à connaître mal les gens de cette sorte.
Dorante est malheureux, nous devons le servir;
Mais c'est peu de donner, si l'on ne sait offrir.
Un premier don oblige un homme de mérite,
Le second l'importune, et le reste l'irrite :
Craignons d'humilier un cœur si généreux.
Je lui veux envoyer, par un choix plus heureux,
Quelques-uns de ces riens qu'on offre aux gens qu'on aime,
Qu'on donne sans scrupule, et qu'on reçoit de même;
Des choses dont sans doute il manque en sa prison.

LISE.

Cela vaudra bien mieux, et vous avez raison ;
C'est un moyen encor d'en avoir des nouvelles.

MÉLISSE.

Viens; tu vas te charger de quelques bagatelles
Que tu lui porteras....Mais qu'est-ce que j'entends?
Eh! mon dieu, c'est Philiste!....Il prend bien mal son temps.

SCÈNE IV.

MÉLISSE, PHILISTE, LISE.

MÉLISSE.

Bon jour, monsieur.

PHILISTE.

Madame, agréez mon hommage.
Vous voilà bien seule !

MÉLISSE.

Oui; c'est assez mon usage.

ACTE II, SCÈNE IV.

PHILISTE.
Le cher frère est sorti?

MÉLISSE.
Pour affaire.

PHILISTE.
Fort bien.

(*A part.*)
Je ne sais trop comment entamer l'entretien;
Mais je veux éclaircir ce soupçon qui me gêne.
(*Haut, avec embarras.*)
Madame....

MÉLISSE.
Qu'avez-vous? Vous paraissez en peine.
De quoi?...

PHILISTE, *de même.*
Je voudrais bien.... savoir....

MÉLISSE.
Expliquez-vous?

PHILISTE.
Vous allez dire encor que je suis un jaloux.

MÉLISSE.
Cela se pourra bien.

PHILISTE.
Mélisse, je vous aime,
Et depuis fort long-temps, et d'un amour extrême.

MÉLISSE.
Vous le dites, du moins.

PHILISTE.
Vous n'en pouvez douter.

MÉLISSE.
Si c'est aimer les gens que de les tourmenter....

PHILISTE.
Non, non; ne craignez rien, je ne prends plus d'ombrage.
MÉLISSE.
Tant mieux.
PHILISTE.
La défiance est souvent un outrage.
MÉLISSE.
Sans doute.
PHILISTE.
Je le sens, et je veux me guérir
D'un mal qui vous a pu causer du déplaisir.
MÉLISSE.
Et vous y gagnerez.
PHILISTE.
Plus de crainte importune :
Je n'ai plus ni soupçon, ni défiance aucune;
J'y suis bien résolu.
MÉLISSE.
Je vous en saurai gré.
PHILISTE.
Pour causer seulement, je vous demanderai
(C'est curiosité, ce n'est point jalousie)
Pourquoi Lise, en secret, ce matin est sortie?
LISE.
Moi, monsieur?
PHILISTE.
J'en suis sûr. Et pour quelle raison
Elle a de votre part visité la prison?
MÉLISSE.
Je demanderai, moi (j'en dirai plus ensuite),
Pourquoi vous vous mêlez d'épier ma conduite,
Et de faire observer les pas....

ACTE II, SCÈNE IV.
PHILISTE.
Vous éludez
Ma question.
MÉLISSE.
Qui? moi?
PHILISTE.
De grace, répondez.
MÉLISSE.
De quel droit?
PHILISTE.
Voilà donc quel amour est le vôtre!
MÉLISSE.
Si ce secret, monsieur, était celui d'un autre,
Et si le révéler c'était trahir quelqu'un?
PHILISTE.
Entre de vrais amans tout n'est-il pas commun?
D'abuser d'un secret me croyez-vous capable?
MÉLISSE.
Vous voulez qu'en parlant je paraisse coupable?
PHILISTE.
Non; mais en vous taisant vous l'êtes en effet.
Allez, perfide, allez; gardez votre secret.
De l'amour le plus pur voilà donc le salaire!....
Quand vous m'avez flatté de l'espoir de vous plaire....
MÉLISSE.
Moi, je vous ai flatté?... Mais vous n'y pensez pas....

SCÈNE V.
MÉLISSE, PHILISTE, JASMIN, LISE.
JASMIN, *à Philiste.*
Monsieur!...
PHILISTE.
Que me veux-tu?
JASMIN.
Monsieur, parlons tout bas.

LISE.

Qu'a donc monsieur Jasmin ? Et quel air de mystère ?

JASMIN.

Jasmin, ma chère enfant, quand il faut, sait se taire;
Il n'est pas comme toi.

(*A Philiste.*)

C'est en particulier,
Monsieur, que je voudrais.....

PHILISTE.

Tu me viens ennuyer
Pour rien, peut-être ?...

JASMIN.

Eh! non, mon maître; que je meure
S'il ne faut qu'en secret je vous parle à cette heure.

MÉLISSE, *à Philiste.*

Vous avez des secrets ? je veux les respecter.
Moi, je ne force pas les gens à tout conter.
Je vous laisse. Viens, Lise.

PHILISTE.

Eh! madame, de grace....

MÉLISSE.

Tâchez qu'en attendant votre courroux se passe.

SCÈNE VI.

PHILISTE, JASMIN.

PHILISTE.

Eh bien! voyons; quel est ce secret important ?

JASMIN.

Un billet que chez nous on apporte à l'instant.

PHILISTE.

Quoi! ce n'est que cela ?

ACTE II, SCÈNE VI.

JASMIN.
Monsieur, si je me cache,
Ce n'est pas sans motif. Je ne veux pas qu'on sache
Qu'un maître que je sers, et qui porte un beau nom,
Soit dans le cas d'avoir des amis en prison.

PHILISTE.
Des amis en prison ! Que diantre veux-tu dire ?

JASMIN.
Tenez ; voici la lettre, et vous pouvez la lire.

PHILISTE.
De qui vient-elle ?

JASMIN.
Eh ! mais d'un valet inconnu
Qui, pendant votre absence, est au logis venu :
Il s'appelle Cliton, et son maître Dorante.

PHILISTE.
Dorante ?

JASMIN.
Oui. C'est son nom, à moins qu'il ne nous mente.

PHILISTE, *en décachetant la lettre.*
Je le connais ; c'est un de mes anciens amis :
Je le voyais souvent quand j'étais à Paris.
Que me veut-il ? Lisons. Singulière aventure !
Dorante est en prison ; sa lettre me conjure
De m'employer pour lui.

JASMIN.
Mais vous n'en ferez rien.
On ne l'a pas coffré pour être homme de bien.

PHILISTE.
Ce qu'il m'écrit, vraiment, excite ma surprise ;
Son malheur est, dit-il, l'effet d'une méprise.
Il avait à Paris la réputation
D'être dans ses récits sujet à caution.

46 LA SUITE DU MENTEUR,
A moi-même souvent il m'en a fait accroire.
Si c'était encor là quelque nouvelle histoire !
Mais à quoi bon ?... bientôt je pourrai le savoir ;
Je peux lui être utile. Il faut aller le voir.

JASMIN.

Vous irez aux prisons ?

PHILISTE.

J'y cours de ce pas même,
Et prétends le servir avec un zèle extrême.

JASMIN.

Vous suivrai-je, monsieur ?

PHILISTE.

Non. J'irai bien sans toi.

SCÈNE VII.

JASMIN, *seul*.

Tant mieux. L'air des prisons ne me vaut rien, à moi ;
Et depuis que j'y fus en retraite forcée,
Je crains d'en approcher ; ma vue en est blessée.
Voici l'aimable Lise. Elle vient à propos.

SCÈNE VIII.

LISE, JASMIN.

JASMIN.

Puis-je de mon amour te dire ici deux mots ?

LISE.

De ton amour ?

JASMIN.

Eh ! oui. Tu sais que je t'adore.
Toi, Lise, m'aimes-tu ?

LISE.

Je n'en sais rien encore.

ACTE II, SCÈNE VIII.

Nous verrons.

JASMIN.

Nous verrons?

LISE.

Oui. Je t'éprouverai.
Je pourrai quelque jour te trouver à mon gré.
Mais dans ce moment-ci je suis très-indécise.

JASMIN.

Mais vous n'y pensez pas, mademoiselle Lise!

LISE.

C'est trop peu qu'un amant, j'en prendrai deux ou trois;
On dit que c'est bien fait de se donner le choix.

JASMIN.

Coquette!

LISE.

Le plus digne aura la préférence.
Ce ne sera pas toi, si j'en crois l'apparence.
Mais ma maitresse vient, qui voudrait me parler.
Fais-moi donc un plaisir...

JASMIN.

Lequel?

LISE.

De t'en aller.

JASMIN.

Oui, perfide, je sors; dans peu de temps, peut-être,
Je serai regretté.

LISE.

Toi? pas plus que ton maître.

JASMIN.

Adieu, volage.

LISE.

Adieu.

SCÈNE IX.

MÉLISSE, LISE.

MÉLISSE.

Philiste est donc parti?

LISE.

Sans doute, il l'est, madame, et son valet aussi :
Je l'ai congédié ; je marche sur vos traces.

MÉLISSE.

Lise, à présent sais-tu ce qu'il faut que tu fasses?

LISE.

Tout ce que vous voudrez.

MÉLISSE.

Il faut l'aller revoir.

LISE.

Qui?

MÉLISSE.

Dorante.

LISE.

Ah! fort bien.

MÉLISSE.

J'ai besoin de savoir
S'il pense ce qu'il dit de flatteur et de tendre,
En un mot, de sa part à quoi je dois m'attendre.
Je voudrais l'éprouver sans courir de hasards,
D'abord, sans me montrer, paraître à ses regards.

LISE.

Que veut dire cela? j'ai peine à vous entendre.

MÉLISSE.

Ecoute ; à sa prison tu vas encor te rendre.
Emporte mon portrait, et, comme sans dessein,
Fais qu'il puisse aisément le surprendre en ta main ;

Et puis, pour le ravoir, feins une ardeur extrême.
S'il le rend, c'en est fait; s'il le retient, il m'aime.
LISE.
Le tour n'est pas mauvais; il vous réussira;
Sans que vous y soyez Dorante vous verra.
Et vous comptez un peu sur l'effet de vos charmes,
N'est-il pas vrai? je crois qu'il leur rendra les armes.
Et Philiste, madame?
MÉLISSE.
Ah! ne m'en parle pas.
LISE.
Je ne puis m'empêcher de le plaindre tout bas.
MÉLISSE.
Mais je ne l'aime point, et suis libre, je pense.
LISE.
O de la nouveauté merveilleuse puissance!
O mon sexe, jamais ne te guériras-tu
D'un malheureux penchant pour le dernier venu?

Fin du second acte.

ACTE III.

(La scène est dans la prison.)
SCÈNE PREMIÈRE.
DORANTE, PHILISTE, CLITON.
DORANTE.
Voila, mon cher ami, la véritable histoire
D'une méprise étrange et difficile à croire;
Mais puisque je vous vois, mon sort est assez doux.
PHILISTE.
L'aventure est bizarre et bien digne de vous;

Et si je n'en voyais la fin trop véritable,
J'aurais beaucoup de peine à la trouver croyable;
Vous me seriez suspect, si vous étiez ailleurs.
CLITON.
Prenez de lui, monsieur, des sentimens meilleurs;
Il s'est bien converti dans un si long voyage;
C'est un tout autre esprit sous le même visage,
Et tout ce qu'il débite est pure vérité,
S'il ne ment quelquefois par générosité.
PHILISTE.
Vous me pardonnerez, ami, si je confesse
Qu'il me souvient toujours de vos tours de jeunesse
Et du plaisir qu'alors vous trouviez à conter
Tout ce que votre esprit s'avisait d'inventer.
DORANTE.
Sur mon compte, en erreur, ce souvenir vous jette :
A de pareils écarts la jeunesse est sujette;
Elle en guérit bientôt, et ces légèretés
Se laissent sur les bancs des universités.
PHILISTE.
Dès-lors, à cela p.ès, de la publique estime,
Vous jouissiez par-tout à titre légitime.
Votre affaire m'alarme et n'est pas sans danger;
J'ose croire pourtant qu'on pourra l'arranger.
Ceux dont elle dépend sont de ma connaissance;
Même à plusieurs d'entre eux je tiens par la naissance,
Et de plus le blessé, long-temps tenu pour mort,
En réchappe, dit-on, par un bienfait du sort.
Sans perdre plus de temps, souffrez que j'aille apprendre,
Pour vous tirer d'ici, quel parti je dois prendre.
Ne vous chagrinez point cependant en prison,
On aura soin de vous comme en votre maison;
Le concierge en a l'ordre, il tient de moi sa place,
Et sitôt que je parle, il n'est rien qu'il ne fasse.

ACTE III, SCÈNE II.

DORANTE.
Ma joie est de vous voir, vous me l'allez ravir.
PHILISTE.
Je ne vous quitte, ami, que pour vous mieux servir.

SCÈNE II.
DORANTE, CLITON.

DORANTE.
Voilà, de ce côté, mon attente remplie.
CLITON.
Fort bien. Et comment va l'amour ou la folie ?
Cette dame obligeante, au visage inconnu,
Qui s'empare des cœurs avec son revenu,
Votre amante en idée, est-elle encore aimable ?
DORANTE.
Telle que je la vois, elle est toute adorable.
CLITON.
Vous obliger d'avance et vous cacher son nom,
Quoique vous présumiez, n'annonce rien de bon.
A voir ce qu'elle a fait et comme elle procède,
Je vous maintiens encor qu'elle est ou vieille ou laide.
DORANTE.
Deux ou trois jours, peut-être, un peu plus, un peu moins
Eclairciront ce trouble, et finiront ces soins.
Qui sait à mon billet si la beauté que j'aime
Ne rapportera pas la réponse elle-même ?
Que je serais heureux !
CLITON.
    Vous rêvez quelquefois.
Mais voici la suivante encor.

SCENE III.
LISE, DORANTE, CLITON.

DORANTE, à Lise.

Je te revois!
A ce retour si prompt je n'eusse osé m'attendre.
Qu'a-t-on dit de ma lettre, et que vas-tu m'apprendre?

LISE.

A me revoir sitôt, vous pouvez bien penser
Qu'on est, de vos douceurs, fort loin de s'offenser.
Voici, pour vous prouver comme on vous considère,
Du chocolat choisi, de bon vin de Madère,
Du moka véritable.

DORANTE.

Ah! pourquoi?...

CLITON.

Grand merci;
Mais le premier envoi valait bien celui-ci.
(*Il la débarrasse du panier qu'elle a apporté, et le pose sur la table.*)

LISE.

Tiens; prends mon cher.
(*En donnant le panier à Cliton, elle laisse tomber une boîte sur laquelle est un portrait.*)
Ah! dieu! que je suis mal-adroite!

DORANTE, *la ramassant*.

Que laisses-tu tomber?

LISE.

Donnez moi cette boîte.

DORANTE.

O le charmant portrait! sa beauté m'éblouit.

LISE.

Rendez-le moi, j'ai hâte; il sera bientôt nuit.

ACTE III, SCÈNE III.

DORANTE.
Non, je ne vis jamais plus belle mignature.
Elle est de fantaisie?

LISE.
Elle est d'après nature;
Mais rendez-la-moi donc; je dois me retirer.

DORANTE.
Laisse-la-moi, de grâce, encor considérer.

LISE.
On craint que les brillans dont elle est enrichie,
N'aient sous eux quelque feuille ou mal nette ou blanchie,
Et je cours de ce pas y faire regarder.

DORANTE.
Et quel est ce portrait?

LISE.
Faut-il le demander?
Celui de ma maîtresse.

DORANTE.
Ah!... de celle que j'aime,
De celle à qui je dois?...

LISE.
Oui, vraiment, d'elle-même.
Mais je m'amuse trop; l'orfèvre est loin d'ici.
Donnez; je perds du temps.

DORANTE.
Laisse-moi ce souci;
Nous avons un orfèvre arrêté pour ses dettes,
Qui remettra la chose au point que tu souhaites.

LISE.
Vous me trompez, monsieur.

DORANTE.
Eh non. Veux-tu le voir?

LISE.
A-t-il du talent ?

DORANTE.
Tout ce qu'on peut en avoir.
Sois tranquille.

LISE.
Mais quand voulez-vous me le rendre ?

DORANTE.
Dès demain.

LISE.
Demain donc je viendrai le reprendre.
Je ne puis me résoudre à vous désobliger.
Mais je me mets pour vous dans un très-grand danger.
Si madame savait !...
(A part.) Je m'en vais le lui dire.
Pour un commencement ceci peut bien suffire,
La partie est liée, et l'affaire en bon train.
(Haut.)
Adieu, monsieur Dorante.

CLITON, *à Lise.*
Au revoir.

LISE.
A demain.

SCÈNE IV.
DORANTE, CLITON.

CLITON.
Réjouissons-nous bien, monsieur ; tout nous succède.

DORANTE.
Viens, Cliton, et regarde. Est-elle vieille ou laide ?
Voit-on des yeux plus vifs ? voit-on des traits plus doux ?

CLITON.
Je suis un peu moins dupe, et plus au fait que vous.

ACTE III, SCÈNE V.

C'est un leurre, monsieur; la chose est toute claire,
Elle s'y prend fort bien, et sait comme il faut faire:
Petite mal-adresse arrangée à dessein;
C'est un portrait qu'on laisse échapper de sa main,
Et puis avec instance on vous le redemande;
Si vous l'eussiez rendu, sa surprise était grande.
Mais laissons ce discours qui peut vous ennuyer;
Vous ferai-je venir l'orfèvre prisonnier?

DORANTE.

Simple! tu n'as point vu que c'était une feinte,
Un effet de l'amour dont mon ame est atteinte!

CLITON.

Bon. En voici déja de deux en un seul jour,
Par devoir d'honnête homme, et par effet d'amour.
Avec un peu de temps nous en verrons bien d'autres.
Chacun a ses talens, et ce sont là les vôtres.
Oui, ce que vous étiez, vous le serez toujours;
Et comme on dit....

DORANTE.
Fais trève à tes mauvais discours.
J'entends quelqu'un venir..... C'est, je pense, Cléandre.

SCÈNE V.

DORANTE, CLITON, CLÉANDRE.

CLÉANDRE.

Je prends à votre sort la part que j'y dois prendre,
Monsieur, et je n'aurai ni trève ni repos
Que vous ne soyez hors de ce funeste enclos.

DORANTE.

Prenez garde, monsieur, que l'on ne nous écoute.

CLÉANDRE.

N'ayez aucune peur, et sortez de ce doute.
J'ai des gens là dehors qui veilleront pour moi,
Et je puis vous parler de ce que je vous doi.

Si d'un bienfait si grand qu'on reçoit sans mérite,
Qui s'avoue insolvable aucunement s'acquitte,
Pour m'acquitter vers vous autant que je le puis,
J'avoue, et hautement, monsieur, que je le suis.
Mais si cette amitié par l'amitié se paie,
Ce cœur qui vous doit tout vous en rend une vraie.
La vôtre la devance à peine d'un moment,
Elle attache mon sort au vôtre également;
Et l'on n'y trouvera que cette différence,
Qu'en vous elle est faveur, en moi reconnaissance.

DORANTE.

N'appelez point faveur ce qui fut un devoir.
Entre les gens de cœur il suffit de se voir.
Par un effet secret de quelque sympathie
L'un à l'autre aussitôt un certain nœud les lie;
Chacun d'eux sur son front porte écrit ce qu'il est;
On s'inspire, on se prouve un égal intérêt.

CLÉANDRE.

Vous m'honorez beaucoup; mais pour vous satisfaire,
Sachez en quel état se trouve votre affaire.
Vous sortirez bientôt, et peut-être demain;
Mais un si prompt secours ne vient pas de ma main:
Les amis de Philiste en ont trouvé la voie;
J'en dois rougir de honte au milieu de ma joie;
Et je ne saurais voir, sans en être jaloux,
Qu'il m'ôte les moyens de m'employer pour vous.
Je cède avec regret à cet ami fidèle;
S'il a plus de pouvoir, il n'a pas plus de zèle,
Et vous m'obligerez, en sortant de prison,
De me faire l'honneur de prendre ma maison.
Je n'attends point le temps de votre délivrance,
De peur qu'encore un coup Philiste me devance;
Comme il m'ôte aujourd'hui l'espoir de vous servir,
Vous loger est un bien que je lui veux ravir.

DORANTE.

C'est un excès d'honneur que vous me voulez rendre;
Je croirais avoir tort de vouloir m'en défendre.

CLÉANDRE.

Je viendrai vous chercher quand vous pourrez sortir;
Nous tâcherons alors de vous bien divertir,
De vous faire oublier l'ennui que je vous cause.
Auriez-vous cependant besoin de quelque chose?
Vous êtes voyageur, et pris par des sergens;
Et quoique ces messieurs soient fort honnêtes gens,
Il en est quelques-uns....

CLITON.

Les siens sont de ce nombre;
Ils ont, en le prenant, pillé jusqu'à son ombre,
Et n'était que le ciel a su le soulager,
Vous le verriez à sec et d'argent fort léger;
Mais j'ai bien fait à Dieu ce matin ma prière;
Nous avons reçu lettre, argent, vin de Madère....

CLÉANDRE.

Et de qui?

DORANTE.

Pour le dire, il faudrait deviner.
Jugez ce qu'en ma place on peut s'imaginer.
Une dame m'écrit, me flatte, me régale,
Me montre une bonté qui n'eut jamais d'égale,
Me fait force présens.....

CLÉANDRE.

Et vous visite?

DORANTE.

Non.

CLÉANDRE.

Vous savez son logis?

DORANTE.

Non; pas même son nom.

LA SUITE DU MENTEUR,
Vous ne soupçonnez pas ce que ce pourrait être ?
CLÉANDRE.
A moins que de la voir, je ne puis la connaître.
DORANTE.
Pour un si bon ami je n'ai point de secret.
Reconnaîtriez-vous par hasard ce portrait ?
CLÉANDRE.
Ah ! que vois-je ?
DORANTE.
Plaît-il ?
CLÉANDRE.
Je la trouve assez belle.
Mais je ne vous en puis dire aucune nouvelle,
Et je ne connais rien à ces traits que je voi.
Souvenez-vous toujours que vous logez chez moi.
Adieu.

SCÈNE VI.

DORANTE, CLITON.

DORANTE.
Ce brusque adieu marque un trouble dans l'ame.
Sans doute il la connaît.
CLITON.
C'est peut-être sa femme.
DORANTE.
Sa femme ?
CLITON.
Oui; c'est, je gage, elle qui vous écrit,
Et vous venez de faire un trait d'un grand esprit.
Voilà de vos secrets et de vos confidences!
DORANTE.
Nomme-les par leur nom ; dis de mes imprudences.

ACTE III, SCÈNE VI.

Mais faut-il en effet croire ce que tu dis ?

CLITON.

Envoyez vos portraits à de tels étourdis.
Ils gardent un secret avec beaucoup d'adresse.
C'est sa femme, vous dis-je, ou du moins sa maîtresse.
L'avez-vous vu pâlir et changer de couleur ?

DORANTE.

Je l'ai vu, comme atteint d'une vive douleur,
Faire de vains efforts pour cacher sa surprise.
Son désordre, Cliton, montre ce qu'il déguise.
Il a pris un prétexte à sortir promptement,
Sans se donner loisir d'un mot de compliment.
Ce n'est pas qu'après tout, Cliton, si c'est sa femme,
Je ne sache étouffer cette naissante flamme.
Ce serait lui prêter un fort mauvais secours,
Que lui ravir l'honneur en conservant ses jours.
D'une bonne action j'en ferais une noire.
J'en ai fait mon ami; je prends part à sa gloire;
Et je ne voudrais pas qu'on pût me reprocher
De servir un brave homme, au prix d'un bien si cher.

CLITON.

Et si c'est sa maîtresse ?

DORANTE.

Ah ! c'est une autre affaire.
Il faudra voir alors qui des deux on préfère ;
Il me doit après tout plus que je ne lui dois,
Et je me sens d'humeur à défendre mes droits.

CLITON.

L'ambassade revient et pourra nous instruire.

DORANTE.

Mon espoir peut d'un mot s'accroître ou se détruire.

SCÈNE VII.

MÉLISSE, *déguisée en suivante*, LISE, (*toutes deux ont des voiles*), DORANTE, CLITON.

DORANTE, *à Lise.*

Te voilà ?

LISE.

Sur mes pas en hâte je revien.

CLITON.

C'est fort bien fait. Mais quoi ! tu n'apportes plus rien ?

LISE.

Si j'apportais tantôt, maintenant je demande.

DORANTE.

Que veux-tu ?

LISE.

Ce portrait, qu'il faut que l'on me rende.

DORANTE.

As-tu pris du secours pour faire plus de bruit ?

LISE.

Je n'osais venir seule, à présent qu'il fait nuit.
Sur de trop bons motifs ma demande est fondée.
Demandez à ma sœur comme l'on m'a grondée.

DORANTE.

Quoi ! ta maîtresse sait que tu me l'as laissé ?

LISE.

Elle s'en est doutée, et je l'ai confessé.

DORANTE.

Et ton aveu l'a mise en colère ?

LISE.

Et si forte,
Que je n'ose rentrer si je ne le rapporte.
Si vous vous obstinez à me le retenir,
Je ne sais dès ce soir, monsieur, que devenir;

ACTE III, SCÈNE VII.

Ma fortune est perdue, et dix ans de service.
DORANTE.
As-tu pu te flatter que je te le rendisse?
Non. Quant à ta fortune, il est en mon pouvoir
De la faire monter par-delà ton espoir.
LISE.
Je n'attends rien de vous ni de vos récompenses.
DORANTE.
Tu me traites bien mal.
LISE.
Je le dois.
CLITON, à Lise.
Tu l'offenses.
(à Dorante.)
Mais voulez-vous, monsieur, me croire et vous venger?
Rendez-lui son portrait, pour la faire enrager.
LISE.
Oui! Voyez l'habile homme, et sa belle finesse!
C'est donc ainsi, monsieur, qu'on me tient sa promesse?
Mais puisqu'auprès de vous j'ai si peu de crédit,
Demandez à ma sœur ce que madame a dit,
Et si c'est sans raison que j'ai tant d'épouvante.
DORANTE.
Tu verras que ta sœur sera plus obligeante.
(A Mélisse.)
Réponds-moi. L'ordre est-il absolu?
MÉLISSE.
Tout-à-fait.
Mais quel prix mettez-vous à garder ce portrait?
DORANTE.
Quel prix j'y mets? grand dieu! Pour mon ame ravie,
Sais-tu que ce trésor est plus cher que ma vie?
Ces traits, ces yeux charmans montrent trop de douceur,
Pour que l'original garde tant de rigueur.

Vas rendre ma prière à celle qui t'envoie.
Je trouve en son portrait mon bonheur et ma joie,
Et rien n'approcherait de mon ravissement
Si je le possédais de son contentement ;
Il est l'unique bien où mon espoir se fonde ;
Avant de le céder, qu'on m'ôte tout au monde....
Penses-tu que, sachant à quel point il m'est cher,
Ta maîtresse voulût encor me l'arracher ?

MÉLISSE.

Monsieur !...

DORANTE.

Parle.

MÉLISSE.

Est-ce à moi de parler pour madame ?
Pourtant mieux que ma sœur je dois lire en son ame.

DORANTE.

Eh bien ?

MÉLISSE.

Puisqu'à le rendre on ne peut vous forcer,
Il faudra l'amener jusqu'à vous le laisser.
J'y tâcherai, du moins.

DORANTE.

Ah ! tu me rends la vie !

LISE.

Avec sa complaisance à flatter votre envie,
Dans le cœur de madame elle croit pénétrer ;
Mais son front en rougit, et n'ose se montrer.

MÉLISSE, *levant son voile*.

Mon front n'en rougit point, et je veux bien qu'il voie
D'où lui vient cet aveu qui lui rend tant de joie.

DORANTE.

Ciel ! que vois-je ? Est-ce vous ?... Je ne me trompe pas !
Non ; Mon cœur est déja trop plein de vos appas ;
Madame, c'est ainsi que vous savez surprendre ?

ACTE III, SCÈNE VIII.

MÉLISSE.

C'est ainsi que je tâche à ne me point méprendre,
A voir si vous m'aimez, et si vous méritez
D'obtenir ce retour que vous sollicitez.
Mais apprenez, avant que mon secret éclate,
Que je n'ai pu moins faire à moins que d'être ingrate.
Vous avez fait pour moi plus que vous ne savez,
Et je vous dois bien plus que vous ne me devez.
Vous m'entendrez un jour; à présent je vous quitte :
A regret, j'en conviens, je romps cette visite;
Le soin de mon honneur veut que j'en use ainsi ;
Je crains à tous momens qu'on me surprenne ici ;
Encor que déguisée, on pourrait me connaître.
Adieu ! J'entends du bruit... Sachons qui ce peut être ?

DORANTE.

Je m'étonne si tard qu'on porte ici ses pas....

MÉLISSE.

Philiste !... Juste ciel ! Ne me découvrez pas....

(*Elle remet son voile.*)

SCÈNE VIII.

MÉLISSE, DORANTE, PHILISTE, JASMIN, LISE.

PHILISTE.

Ami, je vous apporte une heureuse nouvelle.

(*Apercevant Mélisse.*)

Dès ce soir... Mais que vois-je ?.. O Dieu !... n'est-ce pas elle ?

DORANTE.

Qu'avez-vous à me dire ?

PHILISTE.

Un moment, s'il vous plaît.

Cette dame...

DORANTE.

Eh bien, quoi ?

PHILISTE.

Je crois savoir qui c'est.

Je voudrais...
DORANTE.
Vous voyez qu'elle hésite à paraître,
Que son voile est baissé.
PHILISTE.
J'ai droit de la connaître,
Et je vais...
DORANTE, *se mettant au devant de Mélisse.*
Doucement, point d'indiscrétion.
Cette dame est ici sous ma protection.
Vous ne la verrez pas.
PHILISTE.
Un tel refus m'étonne.
(Appercevant Lise.)
Une autre femme !...
CLITON, *se mettant au devant de Lise.*
Holà, ne dérangeons personne.
DORANTE.
Elles veulent sortir ; laissez-les s'éloigner.
PHILISTE.
Je vais sortir aussi pour les accompagner.
DORANTE.
Non, vous n'en ferez rien. Vîte, ouvre-leur la porte,
Cliton. Quant à monsieur, ne souffrons pas qu'il sorte.
(Cliton ouvre la porte, les deux femmes s'échappent.)
PHILISTE.
Quoi ! vous me retenez !
DORANTE.
Je fais ce que je dois.
A ma place, à coup sûr, vous feriez comme moi.
PHILISTE.
Mais l'amitié prescrit....

DORANTE.
Rien dont l'honneur se blesse.

PHILISTE.
De votre liberté j'apporte la promesse.....

DORANTE.
S'il faut, pour l'obtenir, m'écarter du devoir,
Je ne veux plus alors de vous la recevoir;
Je l'attendrai du ciel et de mon innocence.

PHILISTE, *après un silence.*
Non vous n'attendrez point, et ce discours m'offense.
Je suis capable aussi de générosité ;
Je viens de travailler à votre liberté.
Bien qu'on commence à voir qu'on vous prend pour un autre,
Il vous faut caution; c'est moi qui suis la vôtre;
J'en ai de fort bon cœur signé l'engagement,
Et vous pourrez d'ici sortir dans un moment.

DORANTE, *lui prenant la main.*
Je retrouve un ami, je reconnais Philiste.
Mais moi, puis-je accepter ?...

PHILISTE.
Permettez que j'insiste.

DORANTE.
Ainsi donc, vous voulez pour moi vous engager?

PHILISTE.
Et n'en pas profiter serait trop m'affliger.

DORANTE.
Je l'accepterai donc, dans la ferme espérance
D'obtenir mon entière et prompte délivrance.

PHILISTE.
Je l'attends, comme vous, avec sécurité ;
Et puis, ce n'est ici qu'une formalité.

SCENE IX.

CLÉANDRE, LES PRÉCÉDENS.

CLÉANDRE.
Cher Dorante, est-il vrai, ce que je viens d'apprendre,
Que vous sortez bientôt?...

PHILISTE, *à Dorante.*
Vous connaissez Cléandre?

DORANTE.
Oui, je le connais fort, et depuis bien du temps.
(*A Cléandre, bas.*)
Appuyez.

PHILISTE, *à part.*
Mes soupçons renaissent plus pressans.
(*A Cléandre.*)
Où vous êtes-vous vus?

DORANTE.
Dans un voyage en Suisse,
A Zurich.

PHILISTE, *à Dorante.*
Et sa sœur, l'adorable Mélisse,
Vous est connue aussi?

DORANTE.
Je n'ai pas cet honneur.

PHILISTE.
Vous dites vrai?

CLÉANDRE.
Très-vrai.

PHILISTE.
J'ai donc fait une erreur.
Cher Cléandre, j'ai cru, non sans surprise extrême,
Voir tout à l'heure ici votre sœur elle-même.

ACTE III, SCÈNE IX.

CLÉANDRE.
Ma sœur, ici! ma sœur! Philiste, y pensez-vous?
Oh! que ce sont bien là visions de jaloux!

PHILISTE.
Sous un déguisement, j'ai cru la reconnaître.

CLÉANDRE.
Ma sœur, se déguiser!...
(A part.)
Il dit trop vrai, peut-être.

DORANTE.
Ainsi de votre sœur Philiste est amoureux?

PHILISTE.
Ardemment.

DORANTE.
Je veux donc vous rassurer tous deux;
Et pour que vous ayez, amis, l'esprit tranquille,
La dame de tantôt n'est point de cette ville;
C'est une Anglaise; elle est à Lyon en passant;
Elle a beaucoup de bien, un cœur compatissant;
Malades, prisonniers sont ceux qu'elle visite,
Mais toujours en secret, toujours à pied, sans suite;
Même d'une suivante elle emprunte l'habit,
Afin de mieux cacher à tous comme elle agit.
Un voile fort épais sied a son air modeste.
Quoiqu'elle ait cinquante ans, sa marche est noble et leste;
C'est un ange, en un mot; tenez, vous pouvez voir
Les présens qu'elle m'a forcé de recevoir.
Elle me les offrait, mais avec tant de grâce!...

PHILISTE.
C'est assez; je vous crois, et ma crainte se passe.
Dorante, à vous servir, je ne puis balancer.

CLÉANDRE, à part.
Sur l'Anglaise je vois ce que je dois penser.

PHILISTE.
Sortez quand vous voudrez; que rien ne vous retienne.
CLÉANDRE.
Après son offre, au moins, n'oubliez pas la mienne;
Venez loger chez moi, vous me l'avez promis.
PHILISTE.
Vous logez chez Cléandre!
DORANTE.
                    Etant de vieux amis,
Pouvais-je, d'un refus, payer sa prévenance?
Et d'ailleurs, dès tantôt il avait pris l'avance.
PHILISTE.
Il faut donc lui céder, quoiqu'à mon grand regret.
DORANTE.
De vos bontés pour moi j'éprouve assez d'effet.
PHILISTE.
Au concierge je vais dire deux mots bien vite,
Et reviens, pour sortir, vous prendre tout de suite;
Chez Cléandre je veux vous mener dès ce soir.
CLÉANDRE.
Je vais tout préparer, moi, pour vous recevoir.
(*Cléandre et Philiste sortent.*)

SCENE X.
CLITON, DORANTE.

CLITON.
Monsieur, nous voilà seuls; regardez-moi sans rire.
DORANTE.
J'entends à demi mot, et ne puis m'en dédire;
J'ai fait là, j'en conviens, quelques contes en l'air;
Mais la nécessité.....
CLITON.
            Cléandre vous est cher,

ACTE III, SCÈNE IX.

Vous êtes vieux amis, dites vous ; il me semble
Que vous ne vous étiez jamais trouvés ensemble ;
L'Anglaise est encor là bien venue à propos !

DORANTE.

J'ai dû de cette dame assurer le repos,
Et ne permettre point qu'on pût la reconnaître,
Détourner les soupçons....

CLITON.

Voilà vos coups de maître !
Je n'en parlerai plus, monsieur, que cette fois ;
Mais en moins d'un seul jour comptez déja pour trois,
Un coupable honnête homme, un portrait, une dame,
A ses premiers penchans rendent soudain votre ame ;
Et vous savez mentir par générosité,
Par adresse d'amour, ou par nécessité.
Quelle conversion !

DORANTE.

Tu fais bien le sévère.

CLITON.

Non, non, à l'avenir je fais vœu de me taire.

DORANTE.

Suis moi ; sortons d'ici, quittons ce noir séjour.

CLITON.

Et demandons à Dieu que ce soit sans retour !

Fin du troisième acte.

ACTE IV.

La scène est chez Mélisse.

SCENE PREMIERE.
DORANTE, CLITON, PHILISTE.

PHILISTE.

Nous voici chez Cléandre, et je vous félicite
D'avoir un tel ami, plein de cœur, de mérite.
Je vais encor pour vous agir, solliciter,
Ne pas perdre un moment. Avant de vous quitter,
Que je vous dise un mot d'un service à me rendre.
Il m'intéresse fort. Vous logez chez Cléandre;
Vous ne connaissez point sa sœur, m'avez-vous dit;
Mais sur le frère au moins vous avez du crédit.....

DORANTE.

Mais vous-même devez en avoir, ce me semble....

PHILISTE.

Il n'importe; aidez-moi, concertons-nous ensemble.
J'aime depuis long-temps cette charmante sœur;
Il faut la décider, mon cher, en ma faveur;
Parlez-lui, servez-moi près d'elle et de son frère;
En un mot, c'est en vous, Dorante, que j'espère.

DORANTE.

Sans doute, vous devez tout attendre de moi;
Et s'il n'est point d'obstacle.....

PHILISTE.

Il n'en est point, je crois;
Mais s'il s'en présentait, c'est à vous de les vaincre.

DORANTE.

De ma reconnaissance heureux de vous convaincre,
Je ferai mon possible....

ACTE IV, SCÈNE I.

PHILISTE.
Ecoutez. Entre nous,
J'ai cru tantôt avoir à me plaindre de vous,
Et que vous m'abusiez.

DORANTE, à part.
Il me met au supplice.

PHILISTE.
J'ai cru dans la prison reconnaître Mélisse.
De ce soupçon encor mon esprit est frappé.

DORANTE.
Vous croyez?....

PHILISTE.
Prouvez-moi que je me suis trompé.
Dissipez tout nuage en me servant près d'elle.
Me le promettez-vous?

DORANTE.
Mon amitié fidèle
Va m'en faire un devoir.

PHILISTE.
Adieu. J'ose y compter.
En attendant, pour vous, je m'en vais tout tenter.

SCÈNE II.
DORANTE, CLITON.

DORANTE.
Voilà ce que j'ai craint. Il me sert avec zèle.
Qu'exige-t-il de moi? Cette sœur, quelle est-elle?
Est-ce mon inconnue? et, par un sort fatal,
De mon libérateur suis-je ici le rival?

CLITON.
Ma foi, quand il s'agit d'amour ou de fortune,
Chacun pour soi, monsieur, c'est la règle commune;
Et tantôt, en prison, vous me disiez, je crois,
Que vous seriez d'humeur à soutenir vos droits.

72   LA SUITE DU MENTEUR,
DORANTE.
Je l'ai dit ; mais alors je parlais de Cléandre :
Contre lui j'aurais su beaucoup mieux me défendre.
Dans ma position je suis, tu le vois bien,
L'obligé de Philiste, et Cléandre est le mien.
Oui, Cliton, pour mon cœur le tourment le plus rude
Ce serait qu'on me pût taxer d'ingratitude.
Quel embarras cruel ! et comment en sortir ?
CLITON.
Rien n'était plus aisé, quand vous saviez mentir.
Cherchez quelque prétexte à de nouvelles feintes.
DORANTE.
Ah ! Cliton, si je puis me tromper dans mes craintes,
Si Philiste n'est point mon rival aujourd'hui,
Avec quelle chaleur je m'emploirai pour lui !
Je fais de son bonheur mon unique salaire ;
Je l'attends de la sœur ; je l'exige du frère ;
Philiste connaîtra qu'un service rendu
Entre gens délicats ne peut être perdu.
CLITON.
Mais lui sacrifier maîtresse très-jolie,
Et fort riche de plus, ce serait bien folie.
Il faut savoir d'abord.... Mais quelqu'un vient ici.
C'est Cléandre.... A l'instant vous serez éclairci.

SCÈNE III.
DORANTE, CLITON, CLÉANDRE.
CLÉANDRE.
Pardon. J'étais sorti ; je rentre à l'instant même.
Vous posséder chez moi m'est un bonheur extrême ;
Plus vous y resterez, plus je serai content.
Je vais vous établir dans votre appartement :
Entière liberté, c'est chez vous que vous êtes ;
Disposez, ordonnez, toutes choses sont prêtes :

ACTE IV, SCÈNE III.

Vous serez obéi d'un seul mot, d'un coup d'œil.

DORANTE.

Combien je suis sensible à cet honnête accueil !
Quelque jour, à Paris, je compte vous le rendre.
Mais un premier plaisir que de vous j'ose attendre,
C'est....

CLÉANDRE.

Parlez, je suis prêt.

DORANTE.

D'obtenir la faveur
Que vous me présentiez à votre aimable sœur.

CLÉANDRE.

A ma sœur ?

DORANTE.

Oui, mon cher.

CLÉANDRE.

Pour l'heure, elle est absente.
Vous la verrez, sans doute.

DORANTE.

On dit qu'elle est charmante ?

CLÉANDRE.

Ceux qui disent cela disent la vérité ;
Son frère a bien sujet d'en tirer vanité.
On la cite à Lyon comme la plus jolie,
Bonne, aimable, en un mot, une femme accomplie.

DORANTE.

Une femme !... Elle est donc mariée !...

(*A part.*) Ah ! grands dieux !
Je tremble.

CLÉANDRE.

Non, mon cher. Elle est veuve.

DORANTE, *à part*.

Ah ! tant mieux.

CLÉANDRE.
Fort jeune elle forma les nœuds de l'hyménée,
Et fut par son époux en Espagne menée,
Pour recueillir des biens par un oncle laissés ;
Cet époux y mourut, et deux ans sont passés,
Depuis que de Madrid j'entrepris le voyage,
Et ramenai ma sœur, demeurée en veuvage.

DORANTE.
Son mérite lui fait beaucoup de soupirans,
Je pense ?

CLÉANDRE.
Oh ! oui ; beaucoup se sont mis sur les rangs.

DORANTE.
Philiste en est ?

CLÉANDRE.
Sans doute. Il n'en fait pas mystère.

DORANTE.
Et souhaiteriez-vous de l'avoir pour beau-frère ?

CLÉANDRE.
Ma sœur est la maîtresse ; elle fera son choix ;
Et comme elle est prudente, il sera bon, je crois.

DORANTE.
C'est fort bien.... A propos, ne pourriez-vous me dire,
A présent....

CLÉANDRE.
Eh ! quoi donc ?

DORANTE.
Oh ! rien..... Vous allez rire.
Mais je vous ai tantôt fait voir certain portrait ;
Peut-être en le montrant fus-je trop indiscret.

CLÉANDRE, à part.
Quelqu'un vient. C'est ma sœur qui rentre, ce me semble.
Il n'est pas temps encor qu'ils se trouvent ensemble :
Emmenons Dorante.

ACTE IV, SCÈNE III.

DORANTE.

Hein?... Plait-il?... Que dites-vous?

CLÉANDRE.

Vous êtes curieux.

DORANTE.

Ce portrait, entre nous,
A qui ressemble-t-il?... Pourriez-vous m'en instruire?

CLÉANDRE, *après un silence.*

Dans votre appartement laissez-moi vous conduire.

SCÈNE IV.

MÉLISSE, LISE.

MÉLISSE.

Je rentre avec plaisir, loin du monde et du bruit.
La scène de tantôt m'occupe, me poursuit.
Si tard dans la prison me voir presque surprise !

LISE.

De ma frayeur encor je ne suis pas remise.

MÉLISSE.

Ah ! dans cet embarras si fâcheux, si subit,
Que Dorante a montré de présence d'esprit !
Et s'il ne nous avait bravement défendues....

LISE.

Le jaloux nous voyait, et nous étions perdues.

MÉLISSE.

En fait de contre-temps, Philiste est sans égal.

LISE.

Les gens qu'on n'aime pas arrivent toujours mal.

MÉLISSE.

Oui; je sens que pour lui ma répugnance augmente.

LISE.

Vraiment, je le crois bien; vous avez vu Dorante.

Qu'en pensez-vous, madame? En avais-je trop dit?

MÉLISSE.

Trop peu. La vérité surpasse ton récit.

LISE.

Vous l'aimez donc?

MÉLISSE.

Oui, Lise.

LISE.

Et croyez qu'il vous aime?

MÉLISSE.

Oui, Lise; et d'un amour, comme le mien, extrême.

LISE.

Vous allez un peu vîte! Un moment d'entretien
Vous fait ainsi tout croire, et ne douter de rien?

MÉLISSE.

Quand les ordres du ciel nous ont faits l'un pour l'autre,
Lise, c'est un accord bientôt fait que le nôtre;
Sa main entre les cœurs, par un secret pouvoir,
Sème l'intelligence avant que de se voir;
Il prépare si bien l'amant et la maîtresse,
Que leur ame au seul nom s'émeut et s'intéresse;
On s'estime, on se cherche, on s'aime en un moment;
Tout ce qu'on s'entredit persuade aisément;
Et, sans se tourmenter par des craintes frivoles,
La foi semble courir au-devant des paroles.
La langue en peu de mots en exprime beaucoup;
Les yeux plus éloquens font tout voir tout d'un coup,
Et de quoi qu'à l'envi tous les deux nous instruisent,
Le cœur en entend plus que tous les deux n'en disent.

LISE.

Rien n'est plus délicat ni mieux imaginé.
Ainsi, dans votre esprit Philiste est ruiné?

ACTE IV, SCÈNE IV.

MÉLISSE.
Crois moi ; ce que Dorante en un seul jour m'inspire,
Philiste dans dix ans ne me l'eût pas fait dire.

SCENE V.
MÉLISSE, LISE, CLÉANDRE.

CLÉANDRE.
Ah ! ma sœur, j'ai revu notre cher prisonnier.
MÉLISSE.
Vous l'êtes allé voir ?
CLÉANDRE.
Avec ce cavalier,
Croirais-tu que je suis maintenant en querelle ?
MÉLISSE.
Certes, vous avez tort. La raison, quelle est elle ?
CLÉANDRE.
La voici. Nous parlions des dames de Lyon :
Elle ne sont pas bien dans son opinion ;
Et, tout en avouant qu'il a peu vu la ville,
Il me soutient qu'elle est en beautés fort stérile....
MÉLISSE.
Quoi !
CLÉANDRE.
J'ai voulu gager, moi, qu'il se dédirait
Quand je lui ferais voir seulement un portrait.
MÉLISSE.
Comment ?
CLÉANDRE.
A mon avis pour le faire souscrire,
Je crois, sans te flatter, que le tien doit suffire.
Tu vas me le prêter, ma sœur, pour un moment,
N'est-ce pas ?
MÉLISSE.
Le détour, mon cher frère, est charmant ;

La querelle est adroite, et galamment tournée.
CLÉANDRE.
Non, je m'en suis vanté; ma parole est donnée.
MÉLISSE.
Vous me raillez, vous dis-je, et je le vois fort bien;
De railler à mon tour je trouverais moyen;
Mais je veux avec vous franchement me conduire.
Dites donc clairement ce que vous voulez dire.
CLÉANDRE.
Eh bien, ma sœur, j'ai vu ton portrait dans ses mains.
MÉLISSE.
Et c'est ce qui vous fâche?
CLÉANDRE.
Et ce dont je me plains.
Il l'a reçu de toi?
MÉLISSE.
Non pas; je suis trop fière.
CLÉANDRE.
Mais il l'a cependant, et de quelle manière?
MÉLISSE.
C'est un vol qu'il a fait; mais je vous avouerai....
LISE.
Que c'est un de ces vols qu'on souffre de bon gré.
CLÉANDRE.
Songes-tu bien, ma sœur, en laissant de tels gages,
Que tu donnes sur toi de trop grands avantages?
Qui donne le portrait promet l'original.
MÉLISSE.
Oui, grondez-moi! vous seul avez fait tout le mal.
Ne m'avez vous pas dit? « Prends souci de me plaire,
» Et vois ce que tu dois, à qui te sauve un frère. »
Quand vous me le vantiez avec tant de chaleur,
Vous avez préparé ses progrès dans mon cœur.

ACTE IV, SCÈNE V.

Si l'amour me faisait éprouver sa puissance,
Il serait né chez moi de la reconnaissance.
Celui qui vous sauva pouvait seul me charmer;
Plus je vous aime enfin, et plus je dois l'aimer.

CLÉANDRE.

Par un tel sentiment j'aime à te voir guidée.
En sa faveur ainsi te voilà décidée?

MÉLISSE.

A-peu-près.

CLÉANDRE.

C'est cela que je voulais savoir.
Et tu serais, je crois, fort aise de le voir?

MÉLISSE.

De le voir? et comment?

CLÉANDRE.

Que sait-on? moi qui t'aime,
A te faire plaisir j'en ai beaucoup moi-même.

MÉLISSE.

Quel est votre dessein?

CLÉANDRE.

Seulement, souviens toi
Que l'hymen, sans retour, engage notre foi.
Ne te prépare pas un repentir, peut-être,
Et prends garde d'aimer avant de bien connaître.
Je te parle, ma sœur, en véritable ami,
Qui ne désire point ton bonheur à demi.
Adieu; demeure ici quelques instans, ma chère
Et tu verras bientôt si je suis un bon frère.

MÉLISSE.

Ah! je n'en doute pas.

SCÈNE VI.

MÉLISSE, LISE.

MÉLISSE.

Quel est donc ce discours?
Et veut-il seconder ou rompre nos amours?

LISE.

Mais, ce dernier projet est le plus vraisemblable;
Vous savez qu'à Philiste il était favorable.
Je croirais aisément qu'il veut vous empêcher
De suivre le dessein où vous semblez pencher.

MÉLISSE.

Il n'y parviendra pas, Lise, et je sens dans l'ame...

SCÈNE VII.

MÉLISSE, LISE, DORANTE.

MÉLISSE.

Ciel! que vois-je?... Dorante!

DORANTE.

Eh! quoi! c'est vous, madame?
Vous, la sœur de Cléandre! et c'est dans sa maison,
Près de vous, qu'il m'amène au sortir de prison!
Il m'en faisait mystère, et mon ame indécise..

MÉLISSE.

Il nous a ménagé cette double surprise;
J'étais loin de penser que vous fussiez ici.

DORANTE.

J'y vins à sa prière; en s'acquittant ainsi,
En m'offrant en ces lieux un séjour trop aimable,
Il veut que je lui sois à mon tour redevable;
Il fait bien plus pour moi que je n'ai fait pour lui.

MÉLISSE.

Vous êtes son sauveur, vous êtes notre appui.

ACTE IV, SCÈNE VII.

Mon secret découvert explique ma conduite.
En générosité par vous je fus instruite.
De vos rares bienfaits ne pouvant m'acquitter,
J'ai voulu seulement un peu vous imiter.

DORANTE.

Et la reconnaissance apparemment, madame,
A bien plus que l'amour de pouvoir sur votre ame?
Je dois le craindre au moins ; daignez me rassurer ;
De ce trouble cruel daignez me délivrer.

MÉLISSE.

Que n'étiez vous présent, quand ma bouche sincère
Sur le même sujet répondait à mon frère !
Hélas ! de vos bienfaits vous auriez trop compris
Que la reconnaissance était le moindre prix.

DORANTE.

Ah ! madame !... Est-il vrai ? Trop heureux de vous croire !
Que cet aveu me comble et d'ivresse et de gloire !

SCÈNE VIII.

CLITON, *accourant*, LES PRÉCÉDENS.

CLITON.

Monsieur, Philiste vient; il demande à vous voir.

DORANTE.

Ah, grand dieu !

MÉLISSE.

Qu'avez-vous ?

DORANTE.

Je suis au désespoir.
Philiste en ce moment ! Que vais-je lui répondre ?
Moins je songeais à lui, mieux il va me confondre.

MÉLISSE.

Pourquoi donc ?

6

DORANTE.

Il avait reclamé mon appui,
Et je l'avais promis !... Loin de parler pour lui,
Qu'ai-je fait ?.... et comment soutenir son reproche?
Je crains de le revoir; je tremble à son approche;
Je crains le nom d'ingrat qu'il pourra me donner.

CLITON.

Mais, monsieur, hâtez-vous de vous déterminer;
Car il est là tout près.

MÉLISSE.

Je m'éloigne bien vîte,
Et ne veux point le voir.

(Mélisse rentre dans son appartement avec Lise.)

DORANTE.

J'en voudrais être quitte.
J'ignore....

SCÈNE IX.

PHILISTE, DORANTE, CLITON.

PHILISTE.

Eh bien! mon cher, qu'avez-vous fait pour moi?
Vous avez vu Mélisse?

DORANTE.

Oui, monsieur.

PHILISTE.

Et je croi
Que vous avez déja, déployant votre adresse,
Disposé cette belle à souffrir ma tendresse?

DORANTE.

(A part.)   (Haut, avec embarras.)
Je ne sais que lui dire.... Excusez moi.... je crains....

PHILISTE.

Quoi! ne voulez-vous plus seconder mes desseins?

ACTE IV, SCÈNE IX.

DORANTE.
Mais qu'avez-vous besoin du secours de quelqu'autre ?
Quelle bouche peut mieux lui parler que la vôtre ?

PHILISTE.
Non; souffrez que j'insiste. Il faut enfin....

DORANTE.
Tenez....

PHILISTE, *à part.*
Voyons ce qu'il dira.

DORANTE.
Cher Philiste, apprenez....
A me justifier je n'aurai pas de peine.

PHILISTE.
Eh! de quelle façon ?

DORANTE.
Il faut que je reprenne
Les choses d'un peu loin. Ne vous ai-je pas dit
Que j'ai connu Cléandre autrefois à Madrid ?

PHILISTE.
Non. En Suisse, à Zurich.

DORANTE.
C'est un autre voyage.
Un jaloux Espagnol prit de lui quelque ombrage,
Et l'osa quereller avec tant de hauteur
Qu'il lui fallut avoir une affaire d'honneur.
Je lui sers de second, et nous allons nous battre.

CLITON, *bas à Dorante.*
Monsieur, cette fois-ci, je vais conter pour quatre.

DORANTE.
L'Espagnol fut tué; mais, voyez le malheur !
Le mort était neveu du grand inquisiteur.
De l'oncle redoutant le crédit, la puissance,
Je fais partir Cléandre en toute diligence;

Comme on était instruit de notre liaison,
On m'arrête en sa place, on me jette en prison;
Mais bientôt mon bonheur naquit de ma disgrace;
Mélisse me plaignit....

CLITON, *bas à Dorante.*

Pour ce conte-ci, passe;
Monsieur, c'est à-peu-près l'histoire d'aujourd'hui.

DORANTE, *bas à Cliton.*

J'en approche du moins, autant que je le pui.

PHILISTE.

Que vous dit-là Cliton?

DORANTE.

Rien qui soit d'importance;
C'est qu'il me rappelait certaine circonstance....
Je reprends mon récit...

PHILISTE.

Non; n'allez pas plus loin;
De broder une histoire épargnez-vous le soin.

DORANTE.

Quoi? que voulez-vous dire?

PHILISTE.

Eh oui! je vous assure,
Que je vous conterais votre propre aventure.
La scène est à Lyon, et non pas à Madrid.
Elle est moins ancienne...

DORANTE.

Ah! ce mot me suffit.
Je ne puis plus long-temps vous manquer de franchise.
Il faut vous avouer ce qu'en vain je déguise.
Tout entier à Mélisse, en ce doux entretien,
J'oubliai votre amour, et ne songeai qu'au mien.

ACTE IV, SCÈNE IX.

PHILISTE.

Eh quoi ? vous l'aimez donc ?

DORANTE.

Hélas !

PHILISTE.

Elle vous aime ?

DORANTE.

Je ne sais plus tromper ; vous le voyez vous-même.

PHILISTE.

J'ai fait prier Cléandre et sa sœur de venir ;
C'est devant tous les deux, que je veux m'éclaircir.
Les voici.

SCENE X.

LISE, MÉLISSE, CLÉANDRE, PHILISTE, DORANTE, CLITON.

PHILISTE.

J'ai de vous quelque droit de me plaindre,
Cléandre ; je sais tout : il n'est plus temps de feindre ;
Je sais ce qu'aujourd'hui Dorante a fait pour vous.
D'un trait si généreux je suis presque jaloux.

MÉLISSE.

Dorante aurait trahi le secret de mon frère !

DORANTE.

M'en croyez-vous capable ?

PHILISTE.

Il m'en a fait mystère.
Dorante n'a rien dit ; mais un autre a parlé.
J'ai vu votre adversaire ; il m'a tout révélé.
Mais vous, madame, vous, veuillez être sincère ;
Est-ce Dorante ou moi que votre cœur préfère ?
De grace, expliquez-vous.

MÉLISSE.
      Vous pouvez m'accuser;
Mais un motif puissant doit ici m'excuser;
Dorante nous a fait un si grand sacrifice !
   CLÉANDRE.
Puisque vous savez tout, vous savez quel service
Je dois à son honneur, à sa noble amitié.
A ses propres périls il m'a justifié ;
Comment à leur amour pourrais-je être contraire
Lorsqu'elle acquitte ainsi la dette de son frère ?
   MÉLISSE, *à Philiste.*
Oui, vous pardonnerez ce qui fut un devoir.
Philiste, des bienfaits vous savez le pouvoir.
   PHILISTE.
Je vous entends, madame, et c'est assez m'en dire.
Jamais sur votre cœur je n'eus le moindre empire.
De tout le monde ici j'aurais à me venger ;
Je me venge.... en tirant deux amis de danger.
Vous n'avez désormais rien à craindre...
   CLÉANDRE.
         Qu'entends-je ?
   PHILISTE.
Je suis allé moi-même entretenir Florange,
Qui, par bonheur, n'est pas mortellement blessé.
A cacher son duel étant intéressé,
Il devait se garder de dénoncer Cléandre.
Sans perdre un seul moment, je l'ai donc fait entendre ;
Et sur ce qu'en justice il vient de témoigner,
L'affaire heureusement a pu se terminer.
Les juges satisfaits m'ont accordé sans peine
Votre élargissement ; et pour marque certaine,
En voici l'ordre exprès.
     (*Il remet l'ordre à Dorante.*)

ACTE IV, SCÈNE X.
CLÉANDRE.
Dieu ! comment pourrons-nous ?...
DORANTE.
Rare et noble vengeance ! elle est digne de vous.
PHILISTE, *à Mélisse.*
Content de vous servir, si je ne puis vous plaire,
Je vous rends à-la-fois Dorante et votre frère.
Votre secret, Cléandre, est sûr entre mes mains.
Dorante, jouissez de vos heureux destins.
Pour vaincre mon amour, je n'ai plus que la fuite.
Adieu. Je pars, madame. Il faut que je vous quitte.
CLÉANDRE.
Digne ami !
DORANTE.
Cher Philiste !
MÉLISSE.
Il faut le retenir.
PHILISTE.
Non ; soyez mes amis, en me laissant partir.

SCÈNE XI ET DERNIÈRE.

LISE, MÉLISSE, DORANTE, CLÉANDRE, CLITON.

CLITON.
Il est brave homme, au fond, et c'est vraiment dommage.
DORANTE.
Vous daignez donc, madame, accepter mon hommage ?
CLÉANDRE.
Tu n'auras pas, ma sœur, de peine à consentir.
MÉLISSE, *à Dorante.*
Mais songez qu'à sa femme on ne doit point mentir.

DORANTE.

Ne craignez rien. Je veux conserver votre estime;
Et vainqueur, je renonce à ce genre d'escrime.
Oui, pour vous divertir, je ferai désormais
Des contes quelquefois, des mensonges jamais.

CLITON.

Allons; voilà les fruits du voyage de Rome!
Monsieur ment bien encor, mais c'est en honnête homme.

LISE.

Et tel qui veut passer pour sincère aujourd'hui,
Ment bien plus, et n'a pas tant d'excuses que lui.

FIN.

Après la première représentation, le public ayant demandé l'auteur, le directeur du théâtre vint répondre par les vers suivans:

Notre auteur de Nemours (1) veut garder l'anonyme;
Applaudissez Corneille, et son talent sublime.
Mais quand, pour rajeunir un antique tableau,
Un élève a risqué quelques coups de pinceau,
Il serait accusé de trop d'orgueil peut-être,
D'oser placer son nom près du grand nom du maître.

---

(1) Allusion au Prologue.

www.ingramcontent.com/pod-product-compliance
Lightning Source LLC
LaVergne TN
LVHW050606090426
835512LV00008B/1365